La *maravillosa* vida después de la *muerte*

La *maravillosa* vida después de la *muerte*

Historias verdaderas e inspiradoras narradas por una médium psíquica

KRISTY ROBINETT

Grupo Editorial Tomo, S. A. de C.V.
Nicolás San Juan 1043,
03100, Ciudad de México

1.ª edición, octubre 2016
2.ª edición, junio 2017.

It's a Wonderful Afterlife:
Inspiring True Stories from a Psychic Medium

Publicado por Llewellyn Publications
St. Paul, MN 55164-0383, U.S.A.

Nicolás San Juan 1043, Col. Del Valle
03100, Ciudad de México.
Tels. 5575-6615, 5575-8701 y 5575-0186
Fax. 5575-6695
www.grupotomo.com.mx
ISBN-13: 978-607-415-787-1
Miembro de la Cámara Nacional
de la Industria Editorial N.° 2961

Traducción: Graciela Frisbie
Diseño de portada: Karla Silva
Foto de portada: ©iStockphoto.com.mashakoteur
©iStockphoto.com.wirargasem
Formación tipográfica: Marco A. Garibay
Supervisor de producción: Leonardo Figueroa

Impreso en México - *Printed in Mexico*

Renuncia de responsabilidad

Aunque los relatos se basan en sucesos de la vida real, algunos de los nombres y referencias personales se han cambiado para proteger la intimidad de los protagonistas.

Dedicatoria

A todas las personas que están en el más allá y que han compartido sus historias y experiencias conmigo. A aquellos que han demostrado que recogen nuestras lágrimas cuando lloramos. Y a aquellos que reciben nuestra risa como los rayos del sol.

Contenido

Reconocimientos

No hay un ser humano que pueda hacerlo todo por sí mismo, y esa es una lección que me costó mucho trabajo aprender con los años. Este libro no habría podido lograrse sin las miles de personas que me consultan y sus seres queridos en el más allá que han tocado mi vida más de lo que yo podría llegar a expresar alguna vez.

En primer lugar, quiero reconocer mi amor y gratitud a mi esposo, Chuck Robinett, por su cariño y por ir a comprarme helado cuando yo estaba tensa tratando de entregar el trabajo a tiempo. Gracias a mis hijos, Micaela Even Kempf y Connor Even, que siempre han entendido mi trabajo y mis horarios tan descabellados, y que al sentirme presionada y de mal humor venían a abrazarme y a sonreírme. Doy gracias a mis hijastras Cora y Molly, por su amor. A mi papá, que me hace sentir deseos de abrazarlo cuando estoy ansiosa por algo.

Quiero manifestar mi gratitud a Mary Byberg, mi asistente y amiga, por tener siempre una actitud positiva y por recordarme que las cosas que brillan y resplandecen pueden hacernos felices. Y que todos tenemos ese brillo en el interior, incluso cuando creemos que nuestro envase de brillo está vacío.

Agradezco también a Mike y a Marjanna McClain por las carcajadas a altas horas de la noche y por las visitas a los casinos. Doy gracias a mi suegra, Mary Lou, por enseñarme que el té siempre tiene que servirse en tazas de té hermosas y que la vida es demasiado corta para escuchar música de mala calidad. Gracias a mis mejores amigas y confidentes, Gayle Buchan, Donna Shorkey, Laura Bohlman y Jenny Licata. Agradezco a Katie Eaves, que me habla de su séquito demente de fantasmas y los pone en mis manos. Doy gracias a Courtney Sierra, por siempre hacer que mi cabello se vea maravilloso y por ser la mejor consejera que una chica podría tener, sin gastar mucho. Agradezco a Lori Weiss por su amor, su apoyo y por sus constantes preguntas, que me ayudan a hacer mis propias búsquedas en el alma.

Doy gracias a las personas que me consultan y a mis amigos de Facebook. Gracias a *Llewellyn Publishing* y a mis editores Amy, Stephanie y Ed. También deseo expresar mi agradecimiento a Sheila Dever, Rosalyn Wrobel, Jennifer Hupke, Kass Hillard, Cheri Ford, Debbi Martone, Nancie Janitz, Deneen Baxter y Caryn Gordon. Doy las gracias al equipo del más allá: Deborah Bruno, Julie Ong, Jenny Thelen, Gloria Paulik, Melinda Kunst y Tena Kuchar. Gracias a mis propios guías espirituales por enseñarme que nunca se es viejo para aprender y explorar, y que no necesariamente debe ocurrir en un salón de clases. Y finalmente, doy gracias a mi mamá que está en el cielo y que me recuerda que nuestros seres queridos en el más allá están cerca de nosotros, aunque no los sintamos, y que los ángeles nos rodean cuando estamos felices y en nuestros momentos más oscuros.

Introducción

El don

Mi primer contacto con la muerte ocurrió siendo yo muy joven. Solo tenía tres años de edad cuando una anciana vino a mí en espíritu y me dijo que preparara a mi mamá para la muerte de su madre. Como yo era muy pequeña y no tenía filtros, simplemente le dije a mi mamá que mi abuela iba a morir. La respuesta que recibí fueron nalgadas.

Al morir mi abuela, unos meses después, los amigos, que mi familia consideraba imaginarios, pero que yo veía y con los que me comunicaba, se volvieron más reales y verdaderos. Así que cuando inició el siguiente año escolar, mis padres me llevaron a la escuela luterana de la localidad con la esperanza de erradicar los demonios con los que tal vez me estaba comunicando y reemplazarlos con la Biblia y manteniéndome ocupada; en ese entonces yo tenía cuatro años de edad. Sin embargo, eso no funcionó. Seguía viendo, escuchando, conociendo y percibiendo, pero en lugar de hablar de que yo veía el más allá, me mantuve en silencio, me refugié en mi interior y me volví tímida. Me aterraba que me juzgaran y tenía miedo de expresarme, así que intenté ajustarme a lo que se consideraba normal; no obstante, yo sentía que todo lo que veía, percibía, conocía y escuchaba era normal.

En mi familia hubo muchas muertes, principalmente en la familia de mi mamá. Freeman McLaughlin, su hermano mayor, murió de cáncer antes de que yo naciera. Y luego su hermano menor, Melvin, murió de forma inesperada de un ataque cardiaco. El padre de mi mamá, Grant McLaughlin, era un gigante bondadoso, de voz suave, muy sonriente y con unos ojos azules llenos de bondad. Todos los que lo conocían lo amaban al instante. Sin embargo, él no había tenido una infancia fácil, y en su vida adulta sufrió muchas pérdidas. Después de que murieron sus hijos, murió su esposa Helen, así que mi abuelo llegó a tener un lugar importante en nuestro hogar, y su presencia en mi corazón perduró por siempre.

En el funeral de mi abuelo, cuando hacían descender su ataúd para colocarlo junto al de su amada esposa, lo vi de pie junto a un árbol fumando un cigarrillo. Corrí hacia él pensando que se trataba de una pesadilla. Mi abuelo me confirmó que había muerto y que iría al cielo, pero que necesitaba decirme que entendía lo que me estaba pasando, ya que él también podía ver y percibir lo mismo que yo. Me dijo que siempre me protegería y que podía llamarlo cuando necesitara algo. Con un abrazo final, en el que parecía que yo estaba abrazando a alguien de carne y hueso, él caminó hacia el pino grande, viejo y torcido, cerca del cual descansaba su cuerpo terrenal, y desapareció. Pero no por siempre.

Después apareció en mis sueños, y ahora entiendo que no eran sueños, sino visitas. Hubo ocasiones en que se me ponía la carne de gallina y luego sentía consuelo, sabiendo que mi abuelo estaba cerca y había venido a saludarme. También percibía el olor del humo de sus cigarrillos y sentía consuelo pues sabía que el abuelo estaba al pendiente de mí. Incluso cuando yo quería evitarlo, ocurrían continuamente sucesos extraños que no podrían ser meras coincidencias.

Pocos meses después de la muerte de mi abuelo, visité un centro comercial con mi mamá y mi papá. Yo tenía ocho años de edad, y bueno, no estaba tan consciente de la moda como lo estoy ahora. Así que mi papá acompañó a mi mamá, con las tarjetas de crédito a la mano (lo que era une especie de terapia para ella). Yo me quedé sentada en una banca gris de cemento frente a una fuente grande, que los niños y jóvenes usaban como pozo de los deseos, lanzando monedas brillantes al agua con cloro. Después de unos minutos, me concentré en el libro que estaba leyendo en ese entonces, cuando se me acercó un hombre que tenía una enorme cámara y me preguntó si podía tomarme una foto. Yo le dije que sí, sonreí y él tomó la foto. Me pidió que me pusiera de pie, pues se había dado cuenta de que la luz no era suficiente. Me puse de pie, sonreí, y él tomó otra foto. Antes de que yo me diera cuenta, me tomó del codo y caminó conmigo hacia la salida; dijo que necesitaba la luz del exterior para tomar una foto mejor. Lo que probablemente fueron solo unos segundos, me parecieron horas, y justo cuando empezaba a sentir pánico, percibí la energía de mi abuelo a mi alrededor. Su figura me protegía como él me había dicho que lo haría. Pude percibir el olor del humo de su cigarrillo y después escuché en mis oídos su voz que me gritaba que corriera. Sin dudarlo, me alejé del hombre; zafé mi brazo de su mano, y corrí tan rápido como pude hacia la tienda donde mis padres estaban comprando.

En esa época, sin que yo lo supiera, un asesino serial no identificado estaba merodeando en la zona; secuestraba niños y los asesinaba. Bueno, no podemos asegurar que este hombre fuera el asesino serial, pero no tenía buenas intenciones y es muy probable que mi abuelo, el hombre que había dicho que me protegería, me haya salvado la vida desde el más allá.

En la escuela parroquial me estaban enseñando que el cielo era un lugar muy lejano donde la gente tocaba instrumentos musicales y cantaba en un coro. A mí me gustaba hacer esas cosas, pero pensar que estaría lejos de la gente que amaba me causaba dolor... y en especial después de mi experiencia con mi abuelo; no podía creer que el cielo fuera así.

Era reconfortante para mí saber que estaba recibiendo saludos del cielo, pero mi mamá, que había perdido a toda su familia, se sentía sola y triste. Y aunque en ocasiones trataba de compartir esos saludos, ella lloraba, volteaba la mirada o me decía que dejara de decir tonterías. Pero no eran tonterías.

Después de la muerte de mi abuela, fue como si la puerta al más allá no solo hubiera quedado abierta, sino que algo la hubiera arrancado de sus bisagras, y ya no fuera posible volver a cerrarla. Esto inquietó bastante a mis padres cristianos. La única persona que nunca cuestionó lo que yo veía, escuchaba, sentía o sabía, y que no se burlaba de mí, fue el padre de mi mamá, mi abuelo Grant, el esposo de la dama cuya muerte había yo pronosticado. Él siempre me mostró una comprensión tranquila, y eso es algo que ha continuado incluso desde al más allá, y hasta el día de hoy.

No fue sino hasta que tenía casi treinta años que finalmente acepté lo que antes había considerado una maldición. Me di cuenta de que en realidad era un don, y que es un don que todos tenemos... pero que debemos reconocer, desarrollar y luego usar. Yo hice las cosas que se consideran normales; fui a la universidad, me casé, tuve hijos, me divorcié y luego me volví a casar, aunque en esta ocasión con una persona que creía en mí por completo, incluyendo en este don. Mi nuevo esposo, Chuck, también había tenido experiencias relacionadas con familiares y amigos que habían muerto... experiencias que no eran meras coincidencias, sino verdaderos signos.

Llevando a cabo sesiones, lecturas de grupo, programas de radio e incluso usando las redes sociales, me he dado cuenta de que todos necesitamos tener certeza, y en ocasiones validar, el hecho de que el más allá nos rodea y que no es producto de nuestra imaginación o de nuestra esperanza. He descubierto que mi tarea es ser una mensajera entre los mundos, formar un puente entre nuestro mundo y el más allá. No necesariamente se trata de conectar todos los puntos, sino de presentar los puntos y permitir que los puntos se conecten al paso del tiempo. A veces los puntos se conectan durante una sesión; a veces lo hacen varias semanas después. Mi tarea no es darles respuestas a las personas que me consultan, sino permitirles que tengan sus propias experiencias. Podría decirte que tu madre está contigo en espíritu, y tal vez me creas, pero te gustaría tener algo que lo confirmara; sé que a mí me gustaría tenerlo. Nuestros seres queridos desean ofrecernos esa confirmación, sin embargo, llega a nosotros en formas que son únicas. A veces, a través de la naturaleza, a veces mediante números y a veces con olores, como el olor del humo del cigarro de mi abuelo.

Cómo la maldición se convirtió en un don

Crecí escuchando una y otra vez que la falta de acción tenía resultados nulos; y aunque la esperanza es algo que nunca debemos perder, era necesario respaldarla con algo que la impulsara. Es algo muy similar a volar un papalote; para lograr que vuele tienes que lanzarlo hacia arriba y correr, lo mismo pasa con la vida... podrías tener aspiraciones románticas o metas relacionadas con tu trabajo, y muchas otras ideas. Hacer cosas que son dolorosas o incómodas podría ser parte del proceso.

En 2006, trabajaba en un corporativo durante el día, y en la noche daba sesiones en un centro metafísico, sin que nadie lo supiera. Solo Chuck y los chicos sabían lo que yo hacía por las noches. Hasta estacionaba mi coche lejos para que nadie pudiera verlo en el estacionamiento. Chuck y yo todavía no nos casábamos, pero era inevitable que lo haríamos pronto. A Chuck y a mí nos gusta la brisa del mar y el agua salada, y aunque en Michigan tenemos agua (los Grandes Lagos), no es lo mismo que el océano. Así que a pesar de las protestas de los chicos, empacamos en el coche todo lo necesario para irnos una semana de vacaciones a la Isla Salomón, en Maryland.

La cabaña, que se veía muy bonita en las fotos que aparecen en línea, parecía salido de una película de terror. Por un lado estábamos rodeados de tierra, y por el otro estaba la bahía Chesapeake. Por suerte, el interior de la cabaña era más amplio de lo que parecía desde afuera y era cómoda, sencilla y estaba limpia. Aunque al principio los chicos no estaban contentos, el viaje fue divertido y llegó a ser una de sus vacaciones favoritas.

El último día que estuvimos ahí, Chuck fue al pueblo a comprar algo de comer para el camino de regreso a casa. Todos los chicos estaban dentro, leyendo en sus habitaciones. Yo salí al porche y me senté en una mecedora viendo el bosque. Estaba triste por tener que irme de ahí, pero más que nada me molestaba regresar a ese empleo de tiempo completo que tanto aborrecía. No solo lo aborrecía, cada vez que pensaba en regresar, me dolía el estómago y sentía que me estaba matando poco a poco. Se me llenaron los ojos de lágrimas y de inmediato me las limpié; me enojé conmigo misma por echar a perder mi último día de vacaciones, pensando precisamente en aquello de lo que estaba escapando.

—No sé lo que supuestamente tengo que hacer —murmuré en el aire—. Me siento perdida.

De pronto escuché un zumbido a mi alrededor; al principio pensé que se trataba de un abejorro grande, pero en lugar del abejorro, me di cuenta de que volaba frente a mis ojos una de las criaturas más hermosas y mágicas que hay en el planeta: un colibrí. El colibrí revoleteó varios segundos, no tenía miedo, y lentamente se alejó hacia el bosque donde se perdió entre la maleza... lo perdí de vista. Yo sabía que el colibrí era una señal, pero tenía que conectar todos los puntos. Después de ese encuentro mágico, entré a la casa y busqué en la computadora el significado del "colibrí" en la medicina animal. Esto es lo que descubrí en algunos sitios web:

> El símbolo del colibrí entre los indígenas americanos se relaciona con lo positivo. Los colibríes son los mensajeros de la paz, de la sanación, y nos ayudan y nos guían a través de los retos de la vida. El colibrí está lleno de magia y amor, y desea que sepas que no todo tiene que tener sentido. Los colibríes pueden hacer lo que la mayoría de las aves no pueden: permanecer en el aire en un punto fijo, y la lección que nos dan cuando aparecen frente a nosotros es que debemos detenernos ante una situación antes de tomar decisiones, pero las decisiones tendrán que tomarse, a fin de cuentas.
>
> Una leyenda de los Kwakwaka'wakw dice que la mujer salvaje de los bosques amaba tanto al colibrí que le permitió hacer su nido en su cabello, pero para los demás ese nido parecía un hermoso adorno con joyas en su cabello. Como estas aves mágicas pueden permanecer en el aire en un punto fijo, volar de lado, hacia atrás y hacia delante, el mensaje es que debemos mirar hacia

> atrás, hacia nuestro pasado, pero no pensar demasiado en él; debemos saber que siempre es mejor avanzar en la vida tomando en cuenta sus lecciones, con amor, y saboreando cada momento dulce que encontremos en el camino. Los indígenas americanos también creen que los colibríes aparecen antes de que ocurra un suceso positivo.

Estuve reflexionando sobre ese encuentro durante las diez horas que duró el viaje a casa. El intento de secuestro y mis encuentros con los espíritus hicieron que me diera cuenta de que el propósito de mi vida no se llevaría a cabo en una oficina donde yo trabajara con la nómina y registrara datos. Poco después de mi encuentro con el colibrí, empecé a ayudar a diversas agencias para el cumplimiento de la ley en Estados Unidos a resolver casos no resueltos. El número de personas que me consultaban como asesora de vida y médium, y requerían sesiones psíquicas, era cada vez mayor, así que dejé mi trabajo corporativo e hice algo verdaderamente aterrador: abrí mi propia oficina para ayudar a conectar esta vida con el más allá.

¿Por qué yo?

He estado en muchas cocinas, salas de estar y estaciones de policía consolando a personas cuyos seres queridos han desaparecido o han sido asesinados. Con algunas de ellas, pude compartir buenas noticias, pero muy a menudo yo era lo más cercano a la Parca... y así es como me he sentido en muchas ocasiones. No obstante, el hecho de dar malas noticias tiene otro aspecto; también puede uno explicar lo que es el más allá y cómo está su hijo, su padre, su madre, su hermana, su hermano. En ocasiones he podido ayudar a la persona que ha fallecido a cruzar al otro lado para que su alma esté de nuevo en paz.

—Simplemente no sé si puedo hacer esto —dije, sosteniendo mi cabeza entre las manos.

Chuck, mi esposo, se sentó mirándome con un gesto de impotencia.

—Bueno... —comenzó—, ¿por qué crees que tienes este don?

—¿Será un castigo por algo que haya hecho, un karma de una vida pasada —dije en tono de broma, pero mis ojos brillaban por el temor y las lágrimas.

—¿O será que se supone que debes hacer esta clase de cosas para ayudar a otros? —dijo él ignorando mi estado de ánimo.

—O eso —suspiré.

Tommy era un niño pecoso de diez años que me visitó en espíritu una noche. "Me asesinaron cuando iba camino a casa después de salir de la escuela. Me asesinó un vecino", me dijo. ¿Cómo iba a decirles a sus padres que su hijo nunca regresaría? ¿Cómo iba a decirles que pasarían varios meses antes de que la policía encontrara el cuerpo y ellos pudieran sepultarlo? ¿Y cómo iba yo a...? Había más preguntas que respuestas, y aunque yo normalmente era muy hábil para improvisar en ciertas situaciones, esta no era una de ellas.

Un golpe en la ventanilla del asiento del pasajero en el coche me sacó de mis pensamientos. El oficial me preguntó: "¿Lista?", y yo asentí con la cabeza, aunque en realidad lo único que quería era decirle a Chuck que pisara fuerte el acelerador y me llevara lejos de ahí.

Terminé con la terrible reunión. Lloré con la familia y con los oficiales de policía. Regresé varios meses después, cuando la policía encontró el cuerpo de su hijo en una zona boscosa cerca de la escuela. Les ayudé a llevar los restos de su hijo al reposo, sabiendo que ellos necesitaban cerrar ese ciclo, pero sabiendo también que su hijo había cruzado al otro lado hacía varios meses. Yo hice algo que en definitiva no fue cómodo, pero era lo que se tenía que hacer.

Entonces, ¿por qué yo? ¿Por qué recibí ese don, o lo que yo consideré una maldición durante tantos años? Bueno, mientras llevaba a cabo la transición entre las palabras "maldición" y "don", me di cuenta de que no era ninguna de estas dos cosas. La capacidad de sentir, escuchar o percibir a quienes están en el más allá es algo que toda la gente tiene; yo no era especial.

El sexto sentido es una especie de sistema telefónico que está instalado en nuestro interior, pero no todas las personas están llamadas a activarlo. Algunas necesitan aumentar su volumen y otras necesitan reducirlo. Algunas son más hábiles en una técnica, mientras que otras lo son en otra. Ya sea que se le reconozca o no, está ahí. No es un súper poder y los que lo usan tampoco son personas muy especiales. Entonces, ¿por qué yo no? Y bueno, ¿por qué no tú?

Existen diferentes clases de habilidades, y conocerlas nos ayuda a sintonizar con nuestros seres queridos que están en el más allá, y a veces a desconectarnos de ellas.

Debido al constante ajetreo de nuestra vida, es difícil escuchar a las personas que nos rodean. Padres de familia: ¿cuántas veces los llamaron sus hijos antes de que ustedes finalmente los escucharan y les respondieran? Desconectarse para después sintonizarse, te ayudará a distinguir con cuál de los sentidos necesitas trabajar y dedicarle tiempo con el fin de impulsarlo. La práctica hará que se fortalezca tu confianza, de modo que no creas que simplemente lo estás inventando todo.

Siempre habrá escépticos y detractores. A mí no me corresponde comprobarte o comprobarle a nadie más que el más allá existe. Yo solo quisiera compartir contigo lo que otros y yo hemos encontrado, con la esperanza de que sientas consuelo al saber que nuestros seres queridos están cerca de nosotros y nos aman. Y si decidimos invitarlos a nuestra vida, ellos pueden ser parte integral de nuestra existencia y de su propia existencia. Ellos desean ayudarnos tanto como les sea posible (que en realidad es más de lo que podrías pensar).

Aunque no tengas un ser amado en el más allá, todos tenemos espíritus guías que actúan como nuestros mejores amigos del más allá; ellos nos ayudan en los desafíos de la vida y en nuestras celebraciones. Desarrollar y conservar intacta esa relación es de vital importancia. Así como las relaciones con nuestros compañeros de trabajo cambian cuando nos vamos a otro trabajo, o así como las relaciones con nuestros familiares y amigos cambian cuando nos vamos a vivir a otro estado, pasa lo mismo con las personas del más allá. Debes ser proactivo al desarrollar ese vínculo. Es agotador ser siempre la persona que se esfuerza por iniciar y reafirmar esa relación, y al mismo tiempo comprender e interpretar los signos y señales que ellos nos dan cuando están cerca. Así que hay que dedicar algo de tiempo a hablar, invitar y amar. Y aunque nuestros seres queridos tienen trabajo que hacer en el más allá, solo están a un murmullo de distancia cuando los necesitamos.

En el siglo XIX, el término "alucinaciones de los cuerdos" se usaba para describir a las personas que tenían encuentros con los muertos, que soñaban despiertos, y percibían perfumes o el olor del humo de cigarrillos; que se topaban con animales... Muchas personas simplemente temen admitir que han tenido esa clase de experiencias por miedo a ser juzgadas o ser objeto de burlas. Pero estas cosas son reales y verdaderas y las experimentan tanto quienes creen en ellas como los escépticos.

Todos los días les digo a las personas que me consultan en mi oficina: "No necesitas un médium o un psíquico para encontrar tu conexión, solo debes desconectarte del mundo y luego sintonizarte, y hallarás tus signos. Después descubrirás que el más allá es algo maravilloso".

Capítulo uno
La muerte y el morir

Al paso de los años me he dado cuenta de que muchas personas temen a la muerte, hasta el momento en que de hecho mueren. ¿No es irónico que lleguemos a este mundo llorando y sin embargo nuestros cuerpos parezcan estar en paz cuando nos vamos? Lloramos por aquellos que hemos perdido y sin embargo, los que han muerto se alegran por haber sido liberados.

Cuando una persona muere, su espíritu y su alma dejan al cuerpo físico. Para muchos, el morir es una transición suave de un plano de existencia a otro. En muchas religiones, el proceso se describe como flotar... la energía de la persona se aleja del plano físico y se va al cielo o al infierno. En muchas religiones se dice que el cielo está arriba y el infierno está abajo. Este libro, sin embargo, no se escribió para informar sobre las diversas teorías teológicas, sino para compartir con el lector los relatos y experiencias que he recibido de los miles de espíritus que se han comunicado conmigo en mi papel como médium. No digo que yo lo sepa todo, no lo sé. Sigo aprendiendo de cada alma con la que hablo. Ese es el viaje de la vida, incluso después de la muerte física.

Mamá estaba muriendo y todos lo sabíamos, excepto ella. Intentamos conservar la esperanza y no darle todos los detalles relacionados con sus luchas de salud, así que los médicos hablaban específicamente con nosotros. La familia solo tenía una opción: someter a mamá a una cirugía de corazón, después de la cual podría morir, o no hacerlo y que tal vez muriera. Las probabilidades eran malas, sin embargo, no lo comentamos con ella; en lugar de eso, como familia, decidimos que se sometiera a la cirugía con la esperanza de que ocurriera un milagro. Varias semanas después, transfirieron a mamá de la unidad de cuidados intensivos a una habitación normal. Eso no tenía sentido para nosotros, pues sabíamos que su estado seguía siendo crítico, pero de todas formas nos aferrábamos a la última esperanza. El personal médico retiró el respirador y hasta le administró algo de alimento ligero, aunque no había comido durante semanas. Su estado de ánimo era alegre, relajado; incluso estaba rodeada de una energía juvenil que toda la familia pudo notar. Una noche fui sola a verla, sostuve su mano y me dijo:

—Kristy, quiero irme a casa.

—Mamá, estamos tratando de llevarte a casa. ¡Te lo prometo! —respondí apretando su mano, pero ella negó con la cabeza.

—No a esa casa; sino a *esa* casa —y señaló hacia una esquina de la habitación; ahí pude ver, de pie, a varios miembros de su familia en espíritu.

No nos sorprendimos cuando al día siguiente recibimos una llamada diciéndonos que mamá había tenido un paro cardiaco y había fallecido. Mamá fue a casa. El cielo es nuestra casa, nuestro hogar.

El amor sigue vivo

Cuando el cuerpo físico deja de funcionar, el alma y el espíritu dejan el cuerpo. A veces, el alma y el espíritu se van antes de que el cuerpo físico haya cesado en sus funciones. Muchas personas han sentido la presencia de sus seres queridos cuando estaban en la sala de espera del hospital, y en ocasiones estando a kilómetros de distancia del lugar donde ese ser querido está agonizando. Y muchas personas han recibido visitas de sus seres queridos antes de recibir una llamada avisándoles de su muerte.

Natalie estaba profundamente dormida cuando despertó y vio a su papá sentado a los pies de su cama. Lo habían llevado al hospital hacía varios días con neumonía, lo que era grave tomando en cuenta que él sufría de enfisema pulmonar.

—Papá, ¿cómo llegaste a casa? —preguntó Natalie, confusa.

—Shh... —respondió su papá—. Te quiero —le sonrió y salió de la habitación, pero antes de que ella pudiera seguirlo, sonó el teléfono. Hablaban del hospital para avisarle que su papá acababa de morir.

—Él se despidió de mí —dijo Natalie—. Qué hermoso y amoroso es eso.

El 12 de septiembre de 2008, a las 4:23 p. m. (tiempo del Pacífico), un tren suburbano con 225 pasajeros chocó contra un tren de carga de la Union Pacific en un tramo de curvas en la región de Chatsworth en Los Ángeles, California. Fallecieron 24 personas y más de cien resultaron heridas. Charles Peck fue uno de los hombres que murieron instantáneamente en el accidente. Cuatro horas después de su muerte, su familia recibió más de treinta llamadas de su teléfono celular; ni el operador de telefonía móvil ni el médico forense tuvieron una explicación para ello.

Ben Breedlove era un joven de dieciocho años de Austin, Texas; él publicó en Internet varios videos que se volvieron virales después de que subiera a YouTube un video titulado "Esta es mi historia" en el que hablaba de su extraño problema cardiaco. En sus videos contaba cómo había engañado a la muerte en tres ocasiones, y en uno de ellos compartía una historia de cuando las enfermeras lo llevaban en una camilla por un corredor oscuro rumbo a la sala de operaciones. Cerca del techo pudo ver una luz brillante de la que fluía una energía llena de paz y calma. Escribió en unas tarjetas frases que mostraba a la cámara: "No había luces en este corredor. Yo no podía alejar mi vista de esa luz y no podía dejar de sonreír. No tenía ninguna preocupación, era como si nada más en el mundo fuera importante. Cuando todavía estaba inconsciente, estaba en una sala blanca; no había paredes, era una sala interminable. No había sonido, solo esa sensación de paz que solía tener a los cuatro años de edad. Tenía puesto un traje muy elegante, igual al traje de mi rapero favorito, Kid Cudi. Entonces me miré en el espejo; me sentí orgulloso de mí mismo, de mi vida entera, de todo lo que había hecho. Era la mejor sensación. Yo no quería salir de ese lugar. Deseaba nunca despertar".

En la Navidad de 2011, una semana después de publicar sus videos, Ben Breedlove tuvo un ataque cardiaco y murió. En el funeral, su hermana compartió una interacción que tuvo con Ben después de que él se colapsó y tuviera una experiencia cercana a la muerte unos minutos antes de morir. Ella le preguntó si estaba feliz de haber regresado y él respondió que suponía que sí. Esa respuesta fue impactante para ella. Era obvio que ella y su familia querían que Ben sobreviviera y tenían esperanzas de que así fuera, a pesar del diagnóstico tan desolador que habían recibido. "Creo que Dios me permitió sentir esa paz antes de regresar para que yo supiera que el cielo vale la pena", le dijo Ben.

Las últimas dos tarjetas del video de Ben decían: "¿Crees en los ángeles y en Dios? Yo sí".

Muchos espíritus me han dicho que después de la muerte física, vuelven la vista atrás, ven su cuerpo, ven el lugar donde murieron y las personas que estaban ahí. Pueden escuchar, ver y sentir. A menudo los reciben los ángeles y sus seres queridos que les ayudan a hacer la transición al más allá. Algunos han descrito esto como una escalinata, otros dicen que es como un túnel con una luz brillante en el fondo. Al final de su recorrido por ese sendero, encuentran a un ser espiritual lleno de tanto amor y paz que sería imposible explicarlo, pero puede sentirse.

A veces, durante la transición, el alma no cruza al más allá y se pierde entre los mundos; se queda errante hasta que encuentra la luz, o hasta que encuentra a alguien que pueda ayudarle a cruzar. Esto puede suceder por diversas razones; las muertes violentas, los accidentes inesperados y las muertes masivas. Otras almas se preocupan pensando en cómo será su juicio eterno y en ocasiones desean asegurarse de que sus seres queridos estarán bien, y por lo tanto, tienen miedo de cruzar definitivamente.

Nos veremos pronto

Era el otoño de 2011 cuando desperté en medio de la noche al escuchar ruidos en mi cocina, donde habíamos instalado una oficina temporal. Pensando que tal vez una de mis mascotas estaba haciendo travesuras, renuentemente levanté las cobijas, miré a mi esposo, que estaba durmiendo pacíficamente, y suspiré. Luego fui a ver cuál de mis perros o gatos había hecho ese ruido. Me sorprendí cuando en lugar de encontrarme con alguna de mis mascotas, me topé con un hombre de pie en medio de la cocina mirando fijamente al monitor de mi computadora, un monitor que yo siempre apagaba en la noche antes de irme a dormir. El hombre se veía muy real. Medía más de 1.80 m de estatura, tenía hombros anchos y unos treinta años de edad; vestía pantalones de mezclilla y una camisa azul con cuello. Por una fracción de segundo pensé que era un intruso, y lo único que pude decir fue: "¿Puedo ayudarle en algo?". Al recordarlo pienso que fue una tontería ser amable con alguien que posiblemente era un ladrón. En lugar de tratar de robar algo, el hombre señaló al monitor de la computadora donde aparecía un artículo sobre un avión que se había estrellado y que yo había leído antes.

—Así que eso fue lo que me pasó —dijo el extraño.

Tardé un segundo en comprender que este hombre había perdido la vida en ese accidente aéreo, que había ocurrido en otro país. Se trataba de alguien que nunca había visto y que estaba de pie en mi cocina en Michigan.

—Lo lamento —le dije tratando de consolarlo.

El extraño se presentó y luego me pidió que les dijera a su esposa y a sus hijos que él los amaba.

—Hay una nota y las fotos más recientes de los niños en la escuela en una maleta que no me llevé al viaje y que está en el clóset.

Le dije que yo no era de esas personas que andan a la caza de personas accidentadas para beneficiarse. No podía hacerlo y no lo haría. Tampoco le iba a hablar por teléfono a su esposa para decirle que él se me había aparecido. Él no parecía estar muerto.

—¿Vio usted una luz blanca después del accidente? —le pregunté.

—Sí, la vi. Muchos de nosotros estábamos caminando por una playa; estábamos confusos y nos preguntábamos por qué la gente se metía al agua, porque no estábamos ahí. O eso era lo que pensábamos. Vi a muchas personas caminar hacia el túnel de luz, pero yo me alejé y de alguna manera llegué aquí —dijo arrugando la frente.

En cuanto desapareció la confusión y estaba por preguntarle cómo pensaba que había llegado aquí desde allá, un aire de paz y tranquilidad envolvió todo su cuerpo y empezó a brillar. Miró alrededor y sonrió, como si se tratara de una broma privada.

—Debo irme. Mi abuelo y mi amigo me dicen que ha llegado el momento —se alejó un poco de mi cocina y entró a la sala, se dio la vuelta y volvió a sonreír—. Dile a mi esposa que la veré pronto —y luego desapareció.

No pude volver a conciliar el sueño esa noche y no sabía qué hacer con su mensaje, porque lo que le había dicho era verdad; me negaba a ser un oportunista. Terminé entendiendo que no significaba hacerlo. A la semana siguiente, su esposa me llamó solicitando una sesión después de saber de mí a través de una amiga mutua. Pude compartir con ella la experiencia que tuve con su esposo en mi cocina, lo que nos hizo reír a ambas, aunque estábamos desconcertadas.

—Él dijo que había una nota y unas fotos en una maleta que está en el clóset, y que te vería pronto.

—¿Puedes esperar un segundo? —preguntó su esposa—, permíteme ir a checar.

Escuché que ella dejaba el teléfono a un lado y después escuché que respiraba con dificultad:

—Kristy, él nos escribió una carta a mí y a los chicos. Esa es la nota a la que se refería. Está fechada solo dos días antes del accidente. Me pregunto si él percibió que el avión... —No terminó la frase y empezó a llorar—. Él nunca decía "adiós"; siempre decía *nos vemos pronto*. Siempre.

Todos tenemos esos instintos viscerales, y sin embargo no sabemos cómo darles seguimiento. Este hombre tenía que viajar por razones de trabajo. Pasaba más tiempo en los aviones que los pilotos, pero algo hizo que escribiera esa carta para ofrecer algo de consuelo, por si acaso.

Aunque esta mujer vivió un duelo por la pérdida de su esposo, un hombre apuesto e inteligente, su frase "te veré pronto" le ofreció algo de consuelo. Dice que desde entonces la ha visitado a ella y a sus hijos varias veces, tanto en sus sueños como a través de señales.

Capítulo dos

Qué pasa cuando uno muere

Lo que pasa después de que muere un cuerpo humano y el espíritu se va, depende de diferentes factores relacionados con la forma en que ocurre la muerte. ¿Estuvo enferma la persona durante mucho tiempo? ¿La persona causó su propia muerte o fue un accidente? ¿Había llegado su hora o se trató de un robo? Es raro que dos personas tengan la misma experiencia de muerte, así como también es difícil que dos personas tengan la misma experiencia de nacimiento. Aunque existe una constante en lo que respecta al hecho de que el espíritu abandona al cuerpo y camina hacia la luz, algunos escuchan el sonido del viento y otros ven distintos colores. Algunos están solos cuando caminan por el túnel, mientras que otros lo hacen con miembros de la familia o con amigos que han muerto antes que ellos. Mis guías llaman crónicas del cielo a los pasos que se dan después de la muerte del cuerpo.

Las crónicas del cielo

1. **El cruce:** cuando el cuerpo físico muere, el alma y el espíritu dejan el cuerpo para hacer un viaje al más

allá. Algunas personas lo describen como un túnel largo, otras como una escalinata, y otras como una puerta. Así como tenemos libre albedrío aquí en la Tierra, también lo tenemos al dar el paso hacia lo desconocido, hacia esa luz.

2. **La revisión del alma:** también conocida como la revisión de la vida, se lleva a cabo después del cruce. Esto incluye ver la vida y a las personas con las que uno se ha encontrado y en las que ha causado un impacto; se consideran todas las acciones que uno ha hecho... las buenas y las malas. Este es un instrumento de enseñanza para entender que la vida y la muerte deben vivirse en forma consciente.

3. **El campo de entrenamiento básico de los ángeles:** una vez terminada la revisión del alma, debes tomar una decisión relacionada con lo que sucederá después. Algunos eligen reencarnar de inmediato y otros deciden tomarse un tiempo para reflexionar. Algunos deciden llevar a cabo lo que se conoce como la división del alma, que significa dejar un trozo del alma en el cielo y encarnar el otro trozo. Los que deciden quedarse allá, eligen lo que será su cielo y a quienes incluirá, siempre y cuando coincida con otras almas. En el más allá no hay tiempo ni relojes, pero desde el plano terrenal, este paso tarda de seis a doce meses, por eso insisto en que las personas que quieren hacer una cita con un médium esperen al menos seis meses, pero de preferencia doce meses a partir de la muerte de una persona, para que sus seres queridos hayan tomado una de-

cisión y puedan volver a comunicarse. Después de todo, sin un cuerpo físico, no tenemos cuerdas vocales para hablar, ¿no es cierto? También se nos da la oportunidad de ayudar a otros. Esto significa actuar como el espíritu guía de alguien o como el guardián de un ser amado. También podemos elegir una ocupación en el cielo; pero independientemente de lo que decidas, se trata de algo que tú eliges y que te gustará. Aquí nunca tendrás el sentimiento de: "¿en verdad tengo que levantarme por la mañana?".

4. **Vida en el cielo:** si un alma no ha reencarnado, entonces tiene una vida... una vida real. Pasas el tiempo con las personas que deseas y haces lo que te hace más feliz. El cielo existe alrededor de los seres vivientes. No es un lugar como pensamos que es en el sentido terrenal. No existe un mundo físico; más bien es el mundo perfecto que imaginamos para nosotros mismos, sin importar lo que "perfecto" signifique para ti.

Apoyo del más allá

Un grupo familiar de seis miembros, tres mujeres y tres hombres, estaban sentados en mi pequeña oficina; tenían los brazos cruzados al frente, en una actitud defensiva.

—Su mamá acaba de dar un paso al frente con su papá, pero me informa que ella murió recientemente, hace menos de un año, y su papá murió hace unos cinco años.

El grupo confirmó con la cabeza que era verdad.

—Ella aparece frente a mí, acostada en una cama de hospital, conectada a tubos y máquinas. Siento toques en mi brazo —dije, sobando mi brazo como si doliera—. Ella estuvo ahí muchas semanas y nunca respondió a los tratamientos. Sus riñones estaban mal —continué, apartando la mirada de su mamá y viéndolos a ellos para recibir su aprobación, pero solo vi que sus ojos se llenaron de lágrimas.

—Ella dice que ustedes están enojados... —puse atención para ver a quién estaba señalando—. Dice que ustedes están molestos con Julie porque tomó la decisión, pero ella tomó la decisión correcta. Su mamá ya se había ido. Ella ya estaba con su papá desde hacía más o menos una semana antes de que le quitaran las máquinas.

—¿Entonces no había esperanzas? —preguntó otra de las tres hermanas.

Dirigí mi atención a su mamá que sujetaba con fuerza la mano de su esposo y dijo que en efecto, no había esperanza. Ella había acabado de luchar.

—Ella dice que a Julie se le confió una de las decisiones médicas y desde que tomó esa decisión, ustedes la han culpado por la muerte de su madre. Eso no tuvo nada que ver con Julie.

Poco a poco, el grupo relajó los brazos y todos miraron al suelo avergonzados... menos Julie, quien me miró y me dio las gracias.

—¿Dónde viven, Kristy? ¿Dónde está el cielo? —preguntó Cal, uno de los hermanos.

—Y ella no está en el infierno, ¿verdad? —interrumpió Jennifer—. Quitarle el soporte vital no es como un suicidio, ¿o sí?

Pude sentir que la tensión volvía a dominar a la familia. "No, no está en el infierno". Escuché el relato de su mamá y luego se los comuniqué a ellos: "El cielo es una puerta a su propio mundo en una dimensión más alta, pero está más cerca de lo que nos imaginamos. Aunque no tienen cuerpos físicos, sus seres queridos pueden visitarlos y ustedes pueden estar con ellos; solo que es diferente. Su papá dice que desde que llegó allá, él escogió su cielo ¡y que él nunca había escogido nada!".

El grupo se sonrió.

"Pero hablando en serio, dice su papá que a él y a su mamá les gustaba mucho Florida y que después de lo que se llama 'revisión del alma' y 'campo de entrenamiento básico de los ángeles', él se mudó a un lugar que se parece mucho a su experiencia en Florida. Y su mamá también está muy contenta y tranquila ahí".

—¿Entonces, es una ubicación real? —preguntó Julie.

—En realidad no lo es; es más como un sentimiento. No tenemos cuerpos físicos y no necesitamos cosas físicas, pero para explicarlo en nuestros términos, ellos lo describen en forma física. Así que su cielo es Florida.

—Ese sería mi infierno —dijo Cal—. ¡Odio Florida!

Todos se rieron.

Cuando todos se estaban yendo, Julie se me acercó y me dijo:

—Gracias por esto. Todos estaban furiosos conmigo y yo también estaba enojada porque mi mamá me obligó a tomar esa decisión.

—No necesitas darme las gracias —le dije y la abracé—. Todo lo que dije es verdad y vino de tus padres.

Uno de los muchos servicios que doy es asesorar a las personas que están a punto de morir, a las personas que tienen familiares en etapa terminal y a personas que ya han muerto, ya que, aunque parezca increíble, nos llevamos nuestros problemas y arrepentimientos al más allá. Los arrepentimientos parecen ser un tema constante. Todos necesitamos vivir con un propósito en lugar de llenarnos de resentimientos que nos hagan lamentarnos cuando cerremos los ojos en este mundo por última vez.

Vida después de la muerte

Así como cada uno de nosotros tiene su propia historia del nacimiento, nuestra muerte también es única. Para los que se quedan aquí, el dolor y el pesar pueden ser abrumadores. Extrañar la voz de un ser querido, su tacto, y su presencia puede ser muy doloroso. Y el hecho de no saber si están bien puede provocarnos depresión y una preocupación constante. ¿Sufrieron al morir? ¿Con quién se encontraron al cruzar? ¿Volveré a verlos alguna vez? ¿Están enojados conmigo? ¿Tomé las decisiones correctas? ¿Pude haber hecho más? Estas son solo algunas de las preguntas que pasan por la mente de la persona que está en duelo.

Fui a una lectura de galería, algo que se conoce como lectura de grupo, organizada por otra médium, y cada vez que ella se refería a "los muertos" o a "gente muerta", yo me estremecía. Nuestros seres queridos que han hecho la transición no están muertos en absoluto. Es cierto que no están con nosotros en el plano físico, pero siguen estando cerca de alguna manera... la mariposa revolotea fuera de la ventana o cerca de ti. El ave que te acompaña por el patio. Las monedas que encuentras al caminar. La canción en la radio que te recuerda a alguien especial. El arcoíris en el cielo que aparece cuando estabas a punto de perder toda esperanza.

Cada uno de nosotros recibe señales de nuestros seres queridos del más allá, pero a menudo no las tomamos en cuenta pensando que solo son coincidencias. Existe un antiguo refrán que dice: "Una vez es un accidente, dos veces es una coincidencia, tres veces es una prueba". Las señales que recibimos muestran que a pesar de que nuestros seres queridos se hayan alejado de nosotros en el plano físico, no están muertos, en realidad están vivos, solo que en una forma diferente.

Ver es creer

Para muchas personas, ver es creer, y a menos que vean algo con sus propios ojos físicos, que tengan evidencia visual, eso no existe. Sin embargo, si toca una campana y no la vemos, de todos modos sabemos que la campana tocó. Los científicos no pueden ver un agujero negro; solo observan lo que está sucediendo y eso indica que ahí hay un agujero negro, aunque no se vea nada. Y cuando el viento mueve con suavidad las ramas de los árboles, no cuestionamos la presencia del viento. De modo que a veces ver es creer. Tal vez no vemos con los ojos, pero vemos con el corazón.

Todo es energía y de acuerdo con la ley de la conservación y transmutación de la energía, la energía no se crea ni se destruye, solamente se transforma. ¿Entonces por qué, cuando el cuerpo físico deja de funcionar, no puede la energía de una persona continuar de alguna manera? Por tanto, aunque el cuerpo físico se haya acabado, la energía de su alma y su espíritu continúan con su personalidad, con sus recuerdos, con sus peculiaridades; estos están intactos. Y la evidencia que dan los seres queridos que están en el más allá es lo que ayuda a transformar a un escéptico en un creyente; sin embargo, también es necesario tener una mente abierta y un corazón abierto.

Muchos científicos dirían que el concepto de una vida después de la muerte es una tontería o algo que no se puede probar. No obstante, a medida que la ciencia sigue avanzando y desarrollándose, también avanza el estudio de la muerte y del morir, y de lo que existe más allá del sepulcro. Algunos llaman física cuántica a este estudio, pero el profesor y escritor Robert Lanza extiende esto hacia una teoría nueva llamada biocentrismo. En su libro, *Biocentrismo: cómo la vida y la capacidad consciente son la clave para entender la naturaleza del universo*, Lanza afirma que la vida no termina cuando el cuerpo físico muere. Afirma que la teoría del biocentrismo enseña que la muerte, como la conocemos, es una ilusión y que nuestra capacidad consciente crea el universo, y no al contrario.

Según el biocentrismo, el espacio y el tiempo no son los objetos duros que pensamos que son. Mueve tu mano por el aire... ¿qué ves? Nada. Mira tu cabeza en el espejo. ¿Ves los pensamientos y las formaciones que rodean a tu cerebro? Según Lanza, el espacio y el tiempo son simplemente los instrumentos para reunir las cosas, y por lo tanto, la muerte no existe en un mundo sin tiempo y sin espacio.

Esto no es muy diferente a lo que enseñó Albert Einstein, uno de los físicos de mayor influencia en el mundo, cuando dijo: "Un ser humano es parte del todo que llamamos universo, una parte limitada en el tiempo y el espacio. Él se experimenta a sí mismo, sus pensamientos y sentimientos, como algo separado del resto; una especie de ilusión óptica falsa de su capacidad consciente. Esta ilusión falsa es como una prisión para nosotros, pues nos limita a nuestros deseos personales y al afecto de unas cuantas personas muy cercanas a nosotros. Nuestra tarea debe ser liberarnos de esta prisión ampliando nuestro círculo de compasión para abrazar a todas las criaturas vivientes y a toda la belleza de la naturaleza".

Cuando murió un viejo amigo de Einstein, él escribió: "Besso se ha ido de este mundo extraño un poco antes que yo. Eso no significa nada. Las personas como nosotros... sabemos que la distinción entre el pasado, el presente y el futuro solo es una ilusión obstinadamente persistente".

Ralph Waldo Emerson, ensayista, conferencista y poeta estadunidense, que participó en el movimiento del trascendentalismo, dijo: "La influencia que los sentidos ejercen en la mayoría de los seres humanos, domina la mente a tal grado que los muros del espacio y el tiempo han llegado a parecer reales e insuperables, y hablar con ligereza de sus límites es, en el mundo, una señal de demencia".

¿Nos hemos convencido de que estar muerto es estar muerto? ¿Nos hemos convencido de que nuestros seres queridos están encerrados, que no pueden estar con nosotros, que están en una especie de castigo sádico para ellos y para nosotros, como un medio para ayudarnos o para dañarnos?

Capítulo tres

Signos del más allá

No necesitas un médium para entender tus conexiones; solo necesitas conectar los puntos. Si percibes el aroma de la colonia que usa un hombre y es igual a la que usaba tu padre o tu abuelo... si estás recibiendo monedas de lugares diversos al azar, es probable que sean signos de un ser querido. O si un pájaro se posa en tu ventana y no se va, esa podría ser una señal de un ser amado del más allá que desea que veas la belleza de tu entorno. O tal vez encuentras un patrón repetitivo de números, como 111 o 222, etc.; esto no es una coincidencia, sino una señal del más allá para ti. En cuanto prestes atención a estas señales, tengas un fundamento, y afines todos tus sentidos... ante todo tu sexto sentido, descubrirás que tu mamá, tu papá, tus abuelos, etc., solo quieren que estés consciente del más allá. Después de todo, es una vida después de la vida.

Saludos desde el cielo

¿En realidad pueden comunicarse con nosotros nuestros seres queridos que están en el cielo? ¡Claro que sí! Todos ellos desean comunicarse contigo tanto como tú quieres comunicarte con ellos. Es como cuando una persona de tu familia se va a vivir a un lugar lejano y tienes que aprender a comunicarte con ella de otra manera; pasa lo mismo con los que se han ido. Como dije antes, los que están en el más allá no tienen cuerdas vocales, así que tratan de comunicarse en la forma más elocuente posible, aunque a veces no con mucho volumen. A pesar de todo, hay algunos que piensan que sus señales son solo coincidencias. ¿Alguna vez has estado sentado, hundido en tus pensamientos, hasta que tu esposa y tus hijos logran captar tu atención y te dicen que han estado intentándolo desde hace tiempo? Piensa en lo frustrante que debe ser para tus seres queridos tratar de captar tu atención cuando no están aquí físicamente. ¡Prestar atención a los diversos signos y símbolos podría ayudarte a reconocer que has estado recibiendo esos saludos del cielo!

Probablemente una de las preguntas que más escucho durante mis sesiones como médium es: "¿Están bien?". Y después: "¿Saben cuánto los extraño/los quiero?". Si ves cualquiera de los programas de televisión en los que hay médiums, el mensaje que comparten es: "Él/Ella te quiere mucho y está bien". Aunque en cualquiera de esos casos podría parecer que están bien, tal vez no siempre lo estén. Eso no significa que nuestro ser querido está en un hoyo de fuego ardiente (hablaré de esto más tarde), lo que sucede es que nuestros seres queridos se preocupan por nosotros en el más allá tanto como nosotros nos preocupamos por ellos. Les va mejor cuando a nosotros nos va mejor, y pueden ayudarnos cuando les permitimos que lo hagan.

Libre albedrío: libre elección

Sus amigos y familiares lo llamaban Mack. Medía aproximadamente dos metros de altura y casi treinta años de edad. Su pelo era negro y corto. No necesité ninguna habilidad psíquica para percibir que estaba nervioso.

—Soy Kristy —me presenté con una sonrisa amigable. Señalé la silla que estaba frente a la mía, y moví la mesa blanca que estaba entre las sillas para darle más espacio donde poner sus piernas.

Mack se sentó y miró alrededor de mi oficina decorada en colores brillantes y muebles cómodos; almohadas esponjosas, frases positivas en las paredes, y muchos estantes con búhos que son regalos que me han dado personas de todo el mundo.

—Esto no es lo que esperaba —dijo, observando todo lo que hay en mi pequeña oficina.

Yo me reí. Me dicen eso con mucha frecuencia, en especial los hombres.

—¿Qué esperabas, paredes negras, pollos destazados y bolas de cristal? —dije bromeando.

Mack soltó una sonora carcajada y movió la cabeza.

—Es absurdo, lo sé. Supongo que no sabía qué esperar —admitió.

Por fortuna, la risa eliminó algo de tensión y yo empecé a explicar el proceso de la lectura.

—Me conecto con tu energía y recurro a tus guías, a tus ángeles y a tus seres queridos que están en el más allá; también recurro a mis guías, a mis ángeles y a mis seres queridos, porque en ocasiones pueden ayudarme a hacer que la conexión sea más clara. Nuestros guías y nuestros seres queridos nos ayudan en el camino de la vida, pero no pueden obligarnos a hacer las cosas en forma diferente. Todos gozamos de libre albedrío; ellos simplemente tienen una perspectiva más amplia; una visión panorámica en lugar de la visión de túnel que nosotros a menudo usamos.

Mack asintió, pero yo sabía que no había entendido, y para ser honesta, creo que él solo quería terminar con esto.

—Yo veo a tus seres queridos de la misma forma que te veo a ti, pero para mí la conversación no es tan fluida como cuando hablamos tú y yo. Cuando hablo con ellos es como si habláramos con adivinanzas. Por ejemplo, si alguien se llama Teddy, podría mostrarme un oso de peluche de esos que se llaman *Teddy Bear*. Y las cosas no siempre tienen sentido de inmediato, pero yo tomo en cuenta la información, ya que sin importar cuánto me esfuerce por no ser confusa en lo que digo, no siempre puedo resolver el acertijo. Mi tarea no es analizar, sino ser una mensajera. Entonces, comencemos. ¿Te parece bien?

Cerré los ojos y le pedí a Mack que me diera su nombre completo en voz alta. Esa era la forma de marcar el teléfono de sus seres queridos y llamarlos. En cuanto cerré los ojos, pude percibir dos energías que se acercaban y cuando abrí los ojos pude ver que el primer hombre parecía una versión de Mack, pero de más edad, y el otro era un hombre de la edad de Mack, pero no tan alto y más delgado.

El hombre mayor me dio a entender que era el padre de Mack y me dijo que el joven que estaba a su lado era el hermano de Mack. El papá de Mack me mostró un accidente automovilístico en el que él iba manejando.

—Mack, tu papá y tu hermano están aquí; de hecho están de pie a tu lado. Dice que él, tú, tu hermano y tu mamá estaban juntos en el coche cuando ocurrió el accidente. Me muestra alcohol, pero me dice que se relaciona con el otro conductor, el que los golpeó.

Podía escuchar los sollozos de Mack, pero no quise detenerme en eso porque no quería interrumpir al papá de Mack.

—Dice tu papá que tú estabas sentado detrás de tu mamá, detrás del asiento del copiloto.

Mack asintió, respiró profundamente y empezó a sollozar de nuevo.

—Tú no tenías que morir, Mack —dije repitiendo lo que me dijo su papá—. Tú le dijiste que querías conducir el auto, él te dijo que no, y te enojaste. Dice que todavía estás enojado.

Mack me miró con sus ojos verdes irlandeses llenos de lágrimas.

—Yo no estoy enojado con él. Creo que él está enojado conmigo. ¿Está enojado conmigo, Kristy? ¿Mi hermano está enojado conmigo? Debí morirme. Yo debería haber estado conduciendo. ¡Yo tomé su lugar en el coche y en el cielo!

Miré al papá de Mack y a su hermano. Ambos negaron con la cabeza. Un profundo sentimiento de tristeza brotaba de los tres. Nadie estaba enojado con nadie; solo había sido una situación desafortunada para todos los involucrados.

—Ellos definitivamente no están enojados contigo, Mack. Se sienten molestos por lo que sucedió, pero no están enojados contigo. Tu papá siente como si se los hubieran robado, pero eso no significa que ellos hayan cambiado el destino de tu muerte. —El papá de Mack agregó unas frases muy paternales para que yo las transmitiera—. Ellos quieren que sigas adelante con tu vida. Dicen que esto pasó hace unos cinco años, que tú has dejado de vivir, y eso hizo que ellos dos también dejaran de vivir.

Mack me miró confuso.

—Vivimos en el cielo. Vivimos en el más allá. Tu papá dice que su actividad favorita es ir a pescar y que vive cerca de un lago pequeño. A tu hermano le gustan los deportes, en especial el beisbol, y ayuda a los niños que llegan al más allá a causa de accidentes desafortunados, y juega con ellos. También te cuidan, cuidan a tu mamá y a tu hijo, al que le pusiste el nombre de tu papá.

Mack sacudió la cabeza.

—¿Cómo lo supiste?

—Yo no lo sé; lo saben ellos —dije sonriendo y señalando a su papá y a su hermano que estaban presentes en espíritu—. Y tú puedes ser un mejor hombre y un mejor padre de lo que te has permitido ser.

Los ojos de Mack se quedaron en blanco por un momento.

—¿Ellos están bien, Kristy?

—Van a estar mejor si tú estás bien. Tu papá dice que tu mamá ha encontrado a otro compañero que es un buen hombre y él lo aprueba.

—¿De veras? —dijo Mack en tono de burla, sorprendido.

Yo asentí. No todas las personas que están en el más allá aprueban a las nuevas parejas de las personas que aman, así que siempre es interesante escuchar sus opiniones.

—Sí, él dice que este hombre la trata bien y que aunque no sea él, ella merece ser feliz, y tú también debes serlo —añadí—: Ella no pasará al otro lado pronto. Ella merece ser feliz y tú también. Y como comentario aparte, dice tu papá que tú eres más apuesto que el amigo de tu mamá.

Mack aplaudió y dijo gritando:

—¡Sabía que papá diría eso! —dijo con una sonrisa—. "¡Y es verdad!".

El papá de Mack se puso serio: "Dile que nuestra conciencia será más clara cuando él aclare la suya. Nosotros viviremos cuando él viva. Dejaremos de vivir cuando él deje de vivir".

Yo transmití el mensaje y dejé que Mack lo asimilara.

—¿Puedo darte un abrazo? —me preguntó Mack cuando lo acompañé a la puerta.

—Por supuesto —dije y Mack recargó su cabeza en mi hombro y lloró unos minutos mientras yo lo abrazaba. Era como como enjuagar un trapo de la cocina. No era solo su tristeza, era como si el alma de Mack se estuviera lavando para quedar limpia y comenzar de nuevo.

—¿Puedo volver a verte? —preguntó Mack mientras se secaba las lágrimas con el revés de su camiseta.

—Sí, pero no creas que lo vas a necesitar, Mack. Solo dedica algo de tiempo a aprender a comunicarte con tu papá y con tu hermano que están en el más allá. Ellos te mostrarán las señales cuando se presenten.

Salió de la oficina, se dirigió al corredor, luego se dio la vuelta muy rápido:

—Kristy, mi hijo, ¿es mi hermano o es mi padre?

—¿Te refieres a que alguno de ellos haya reencarnado? —lo negué con la cabeza—. No, pero ellos escogieron a este niño para ti. Disfrútalo. Y llévalo a pescar cuando crezca —le dije—. Ah, y el año que entra llegará una niñita.

Nunca volví a ver a Mack, pero su mamá vino a verme un poco más de un año después de mi cita con Mack. Llevaba un nuevo anillo de boda, y eso le dio gusto al papá de Mack. Me enseñó fotos de sus dos nietos, el tocayo de su esposo y la niñita.

Somos lo que somos

Ojalá pudiera yo decir que una vez que la carcasa del cuerpo muere dejamos atrás todas nuestras cargas y dificultades terrenales, pero eso no sucede. No cambiamos nuestra personalidad ni perdemos los recuerdos de nuestro viaje por la Tierra cuando realizamos el trayecto hacia el más allá. Todo eso está grabado en nuestra alma y en nuestro espíritu. Por tanto, si alguien fue malhumorado en esta vida, también lo será en el más allá, a menos que trabaje en ello. Si alguien está resentido por una u otra cosa, seguirá estando resentido a menos que lleve a cabo el trabajo del alma necesario para liberarse de ese resentimiento.

Entonces, ¿están bien las personas cuando van al más allá? La respuesta es muy sencilla en realidad. Pueden estar bien si se permiten estar bien. El libre albedrío que tenemos en esta existencia es el mismo que tendremos al morir. Tenemos libre albedrío para cruzar hacia la luz. Y tenemos el libre albedrío que permite que nuestro cielo sea el mejor cielo posible.

Todos los días en mi oficina, en las redes sociales, en los mensajes por correo electrónico y en otros mensajes, percibo la lucha que viven las personas en todos los aspectos de su vida, con un claro efecto dominó. Luchar no es algo nuevo, pero cuando estamos viviendo una lucha, olvidamos que los demás también la están viviendo. La soledad y las nubes negras ocultan la luz del sol, e incluso muchas personas sienten que las cosas positivas son un veneno. Sin embargo, si no hay acción, las personas que luchan empiezan a sentir que se están hundiendo lentamente en la muerte.

Así como nos enseñan a no sentir pánico en el agua, encontrar la calma en medio de la tormenta de la lucha debe ser una prioridad. De lo contrario, como dice la filósofa y revolucionaria Rosa Luxemburg: "Los que no se mueven, no notan sus cadenas". Y esas mismas cadenas pueden atarnos cuando cruzamos. Si sentimos que no merecemos el cielo, no nos permitiremos tener un más allá maravilloso. Algunos creen que eso se llama infierno. No necesariamente un infierno de fuego y azufre, sino quizás uno peor, un infierno personal de sentir que no hemos sido suficientemente buenos o dignos de tener una eternidad.

Nuevos principios

Lizzie era una morenita de veintitantos años que vino a verme para una sesión psíquica, no para que le ayudara como médium. "En realidad no tengo a nadie con quien necesite conectarme", murmuró. Lo interesante era que un caballero estaba de pie junto a ella. Llevaba un traje color café y sombrero.

—¿Qué pasa si no sé lo que quiero hacer con mi vida? —preguntó, y sus ojos esmeralda se llenaron de lágrimas.

—No es de vital importancia conocer el sendero de tu vida con precisión, paso a paso —le dije—. Entiendo que parece irónico que una psíquica diga eso, pero he descubierto que sentirse cómodo con uno mismo, en tus propios zapatos, te hará sentir muy feliz. Y si puedes hacer eso, a lo largo del camino encontrarás la pasión. Solo cuídate de las personas que intentarán controlar esa alegría, esa felicidad y esa pasión. Incluso podrían ser personas que dicen que te aman y te apoyan.

Lizzie asintió lentamente con la cabeza.

Pude percibir que sucedía algo más, así que dije:

—Es un muchacho, ¿no? ¡Él te está lastimando!

—¡No! —dijo Lizzie con una actitud defensiva.

La miré como diciendo: "Yo soy psíquica", ella asintió y empezó a llorar.

Tomó un pañuelo desechable de mi mesa de orillas azules, se sonó y luego se levantó de la silla. Se paró frente a un cartel que había en mi pared y que decía "Cree". Me confesó que había sido víctima de abusos; me habló de la bebida; de beber y conducir; de las drogas y del abuso físico y emocional.

—Permíteme ayudarte, Lizzie. Yo he vivido eso. Permíteme ayudarte —repetí—. Tienes la oportunidad de recuperar el control de tu vida. Tu abuelo me dice que siempre tuviste grandes deseos de ser enfermera.

—¿Quién? —me preguntó, confundida, todavía con la vista fija en la pared.

—Aquí hay un abuelo que dice que nunca lo conociste. Es el papá de tu papá. Dice que puedes volver a estudiar y llegar a ser enfermera... incluso con el bebé —añadí suavemente.

Lizzie se dio la vuelta a toda velocidad, me miró, y se puso una mano en el vientre. De nuevo se le llenaron los ojos de lágrimas.

—Nunca conocí a mi abuelo. Murió antes de que yo naciera. ¿Está aquí?

—Sí. No importa que no lo hayas conocido, él se preocupa por ti. Hasta tienes su nariz —dije riendo—. ¿Quieres saber cuál es el sexo del bebé? —sonreí, tratando de aligerar la tensión del momento.

—Creo que es una niña —confesó—. Nadie sabe que estoy embarazada, Kristy... no lo sabe ni mi novio ni mi familia... nadie.

—Es una niña —se lo confirmé. Pensé por un momento antes de continuar. Vi una pila de plumas blancas; desde que era yo una niña, las plumas blancas eran para mí una señal de que la muerte se acercaba. Eso hizo que me preocupara pensando que ella podría perder a la bebé, así que alejé de mí esa visión—. Si tu hija estuviera de pie frente a ti en la misma situación, ¿qué le dirías, Liz?

Ella se sentó de nuevo en la silla frente a mí y me respondió de inmediato con lágrimas en los ojos.

—Le diría que dejara a ese perdedor y que yo le ayudaría a regresar a la escuela.

Durante el resto de la sesión elaboramos un plan. No solo se trataba de ayudarla a terminar con su relación, ni con la forma de resolver el hecho de ser madre soltera, era mucho más. Se trataba de crear su destino. Mientras hablábamos, ella se dio cuenta de que había abandonado a las personas que nunca se habían alejado de su lado, ni siquiera en los días más oscuros. Se dio cuenta de que había dejado de cantar. Se dio cuenta de que ni siquiera soñaba en las noches y tampoco soñaba despierta durante el día. Las metas cambian y evolucionan y a veces se guardan en un armario, pero siempre es posible volver a darles vida. Lizzie salió de mi oficina con un plan.

La noticia que apareció en los periódicos a la mañana siguiente era breve, pero no era necesario deletrear las palabras para entenderla por completo.

A las altas horas de la noche, ocurrió un accidente automovilístico en el que un coche se volcó; el pasajero resultó muerto. El conductor fue llevado a un hospital de la zona, pero solo tenía lesiones leves y fue dado de alta. Una investigación preliminar determinó que la causa del accidente había sido el alcohol.

Lo que los lectores no supieron fue que no había muerto una persona, sino dos: Lizzie y su bebé.

Tardé mucho tiempo en dejar de culparme. Aunque Lizzie podría haber tomado la decisión de no subirse a ese coche, yo me sentía culpable, pero fue una elección de ella. Si un médico te da una receta para que tomes un medicamento, él no te lleva a la farmacia y no te vigila todos los días para asegurarse de que tomes las pastillas, eso depende de ti. Lo mismo puede decirse de tu vida. El destino es una elección, y hay muchos senderos que pueden tomarse. Esto no significa que todas las elecciones malas tengan malos resultados (o la pérdida de la vida), pero yo sé que la forma en que manejes tus elecciones y tus reacciones, marca un precedente para tu futuro, aquí y en el más allá.

Le dije a Lizzie que yo no creía que ella necesitara planear su vida paso a paso, y sigo creyendo que ese fue un buen consejo. Pero en su honor (y en honor a su niña que no nació), me gustaría compartir contigo algunas palabras de sabiduría que podrían ayudarte, o podrían ayudar a alguien que conoces, a forjar un destino.

1. Olvida tus rencores, contra ti mismo o contra otros.
2. Deja de castigarte por tus errores.
3. Aprende a confiar en ti mismo.
4. Ten cuidado de no tomar decisiones que solo se basen en emociones.
5. Sé bondadosa contigo mismo... asegúrate de que tus expectativas no sean demasiado altas ni costosas.
6. Habla con alguien en quien confíes.
7. Asegúrate de que haya algo en lo que te estés enfocando.
8. Asegúrate de enfocarte en el momento presente y no en el pasado.
9. Date tiempo; el cambio no ocurre de la noche a la mañana. Las mejorías pequeñas logran pasos de gigante a largo plazo.
10. Pasa tiempo con personas de calidad y no lo hagas porque te sientes mal respecto a ellas.

En una ocasión, un filósofo dijo que "cada nuevo principio viene del final de otro principio". Desafortunadamente, el nuevo principio de Lizzie está en el más allá. Y, sin embargo, los nuevos principios de otras personas son el divorcio, el desempleo, una demanda legal o la muerte de un ser querido. Hay pérdidas constantes a nuestro alrededor todos los días, pero de nosotros depende ver nuevos principios y crear nuestro destino. Permite que ese destino evolucione, pero toma el control de él.

Trabajando en las cosas de tu vida y aclarando tu capacidad consciente, una tarea que Mack tuvo que llevar a cabo y que Lizzie tuvo que llevar a cabo en el más allá, no tienes que trabajar tanto cuando cruces hacia el más allá. Piensa en ello como terminar todo tu trabajo antes de salir de vacaciones. No quieres regresar de vacaciones y encontrar una pila de pendientes sobre tu escritorio; quieres disfrutar tu tiempo sin que esto esté suspendido sobre tu cabeza. Pasa lo mismo en la vida, en la muerte y en el más allá.

Se requiere práctica para tener confianza y hacer la conexión con tus seres queridos que han pasado al más allá, ya que a menudo, cuando se hace la conexión, se cree que es producto de una imaginación demasiado activa, o se cree que uno solo está recibiendo lo que está tratando de recibir. Llegamos a creer que lo que estamos recibiendo no es cierto ni es real, así que simplemente colgamos el teléfono e interrumpimos la comunicación.

Es como cuando estás presentando un examen y la primera respuesta que piensas con frecuencia es la correcta, el primer pensamiento es con frecuencia la información intuitiva. Después de eso, tu mente lógica toma control de la situación y crea dudas. Cuanto más sigas marcando el teléfono, más fácil será que logres esa conexión con el más allá.

Capítulo cuatro

Objetos y chucherías

Al más allá le encanta dejar chucherías y monedas para que las encuentres y recuerdes que tus seres queridos siguen estando cerca de ti. Estos objetos con frecuencia aparecen en nuestro camino para darnos ese saludo del cielo. La lista de lo que se nos podría enviar es interminable, pero los objetos más comunes parecen ser las monedas y las plumas.

Aunque el objeto que encuentres podría parecer algo al azar, normalmente hay una razón que lo respalda; solo tienes que dedicar algo de tiempo y energía para estimular tu memoria. Si encuentras una moneda en tu camino, mira el año para ver si tal vez tiene un significado para ti y tu ser querido. Puede ser un año de un aniversario, de un nacimiento o incluso el año de una muerte. Si encuentras una cruz, podría tener algo que ver con un miembro de tu familia que era muy religioso.

Las plumas blancas

La llamada fue algo que ella jamás se habría imaginado. No, no era posible. Ella miró fijamente su teléfono celular, no estaba segura de lo que tenía que hacer, o a quién llamar.

Jackie creyó que su papá era invencible. Siempre fue saludable, y no podía recordar que se hubiera enfermado ni siquiera en una ocasión a lo largo de sus treinta y tantos años de vida. Él seguía trabajando tiempo completo, ¿entonces cómo...? No tenía sentido. Jackie se sentó de golpe en una silla del comedor.

—Papá —recargó la cabeza en la mesa y empezó a llorar—. ¿Cómo pudiste irte sin decir adiós?

—¿Jack...?

Levantó la cabeza y vio a su esposo de pie en la puerta, sosteniendo tiernamente a su hija de un año, Russia, en sus brazos.

—Mi mamá acaba de llegar. Mi papá había salido a comer y tuvo un accidente... —Jackie se detuvo por un momento, sin poder creer lo que estaba diciendo— ... y se estrelló contra un árbol.

Matthew, el esposo de Jackie, dejó a Russia en el suelo, se acercó a Jackie y la abrazó.

—Pero, él está bien, ¿no es cierto?

Matthew nunca en su vida había tenido una figura paterna y Walt había sido como su propio padre. Eran amigos y salían a pescar juntos.

Jackie lo negó con la cabeza y empezó a jadear; sus ojos se llenaron de lágrimas. Matthew la miraba fijamente esperando que le dijera que era una broma. Matthew pensó que tal vez Walt estaba muy enojado por haber estrellado el coche. Pero el jadeo de Jackie se convirtió en sollozos y en un llanto histérico; así que Matthew se dio cuenta que esto no era una broma. Walt estaba muerto.

Matthew se agachó para levantar a Russia cuando notó que ella tenía algo en sus manos.

—¿Qué tienes ahí, Rush?

Él tomó el largo objeto blanco de sus deditos rechonchos: era una pluma.

—¿Dónde encontraste esto? —le preguntó, confuso, y luego miró a Jackie, que se había calmado por un momento.

Jackie tomó la pluma blanca de la mano de Matthew y la acarició suavemente.

—La mandó papá. ¡Tiene que haberla mandado papá!

Matthew no discutió y abrazó a la niña y a su esposa.

El funeral fue muy doloroso. Era la primera persona que Jackie perdía y ella sabía que era afortunada. Todos sus abuelos estaban vivos, y ver la expresión en el rostro de la mamá de su papá le rompió el corazón.

El forense determinó que la causa de la muerte de Walt había sido un aneurisma. Todos daban gracias porque habiendo sucedido en una hora pico, con el tráfico de la hora de la comida, Walt no hubiera chocado o lesionado a alguien más.

Así era Walt; los amigos y familiares que estaban en el funeral lo comentaron una y otra vez. Era la clase de persona que se detenía en la autopista para ayudarle a un extraño a cambiar un neumático, o le daba unos cuantos dólares al hombre sin hogar que pedía limosna en las esquinas. Tanto en la vida como en la muerte, se habría sentido mal si alguien más hubiera sufrido lesiones por su causa. Jackie le comentó afectuosamente a su esposo, que era probable que Walt hasta se hubiera preocupado por el árbol que golpeó. Esa era la clase de persona que era su padre.

Cuando bajaban el féretro a la tumba, el ministro leyó este texto de la Sagrada Escritura: "Te cubrirá con sus plumas y bajo sus alas hallarás refugio. ¡Su verdad será tu escudo y tu baluarte!", Salmo 91:4. Jackie bajó la cabeza para orar. Cuando abrió los ojos, vio una pluma en el suelo frente ella. Se inclinó y la recogió. Sonriendo, se la mostró a Matthew en silencio.

Varios años después, llevaron a su hija Russia al hospital porque tenía un dolor de estómago. Era necesario hacerle una operación de apéndice de inmediato. Aunque era un procedimiento quirúrgico de rutina, la cirujana estaba preocupada por el recuento sanguíneo de Russia, y confesó que podría tener leucemia.

Jackie y Matthew se sentaron en la sala de espera del hospital. Las luces fluorescentes no podían llevar luz a las tinieblas y a la preocupación que los envolvía. Jackie se inclinó y empezó a rezar; después le pidió a su papá que viniera y le ayudara. Abrió los ojos y lo que vio la dejó asombrada. Frente a ella había una pluma grande, como si hubiera llegado de la nada. Antes de que pudiera mostrársela a Mathew, la doctora llegó para darles las buenas noticias: solo había sido apendicitis y Russia estaba bien.

Jackie empezó a llorar, pero en esta ocasión eran lágrimas de alivio. "Gracias, papá", dijo, sosteniendo la pluma cerca de su pecho.

En la Tierra, él siempre fue confiable y rápido, y en el más allá lo seguía siendo. Las plumas siguieron apareciendo en lugares inesperados, siempre que Jackie extrañaba a su papá o lo necesitaba mucho. En la repisa de la chimenea, junto a la foto de su padre, tenía un florero lleno de plumas del cielo.

Aprecia los tesoros

Siempre que dirijo una sesión de espiritismo o una lectura de galería, honestamente nunca sé qué va a pasar, así que espero lo inesperado, y de todos modos parece que eso es lo que más les gusta a nuestros seres queridos en el más allá. (Y una sesión espiritista de marzo no fue la excepción). Los tres participantes estaban sentados a la mesa, yo cerré los ojos y les pedí a sus seres queridos que se presentaran y me dieran un mensaje para transmitirlo. Una dama muy agradable, en espíritu, estaba de pie cerca de Kara, la persona que estaba a mi derecha. La mujer en espíritu me sonrió y me pidió que le preguntara a Kara dónde estaba su juego de té.

—Kara, ¿tienes un juego de té o una vajilla de tu abuela o de tu bisabuela?

—Mmm... creo que sí.

—¿Escondidos?, ¿en el armario?, ¿guardados?

—Es probable —respondió con una mirada extraña.

—Se supone que debo decirte que eran sus tesoros, y que también deben ser tus tesoros. Sácalos y úsalos, no los tengas guardados.

Haz que mis tesoros sean tus tesoros.

Kara sacó la vajilla ese fin de semana, preparó una comida deliciosa y la sirvió en la vajilla de flores color de rosa fabricada por Syracuse Federal. Y como dijo su abuela, ¿podrías imaginar la gran cantidad de celebraciones en las que esta vajilla había estado presente? Así que ella cocinó lomo de cerdo a la parrilla, papas alargadas con ajo y brócoli al vapor.

Muy a menudo escondemos nuestros tesoros; podrían ser palabras de amor, o tesoros como la vajilla de Kara. Nos concentramos tanto en las tareas domésticas, en quejarnos del clima, en gritarles a nuestros hijos, a nuestra pareja, a nuestro jefe, a nuestros compañeros de trabajo, etc., que lo que más importa es lo último que hacemos o decimos. Tal vez ha llegado el momento de ordenar nuestras prioridades; las prioridades o los tesoros que realmente son importantes.

Unas llaves que se encontraron

Hace años, atendí a una persona llamada Amie que perdió a su esposo debido a un cáncer implacable. Constantemente le pedía una señal, pero no fue sino hasta seis meses después de su muerte que despertó una mañana, tomó sus lentes de la mesita de noche y encontró ahí una llave. Ella sabía que la llave no estaba ahí cuando se había ido a dormir la noche anterior y no tenía idea de dónde había salido. Después de eso, empezó a encontrar llaves casi todos los días: en el fondo de su bolsa de mano, en el mueble de la cocina, en estacionamientos, sobre su escritorio en el trabajo. Sin importar dónde fuera, encontraba llaves.

—Son llaves que no abren nada y llegan de la nada, Kristy —se quejó conmigo durante la sesión—. Ni siquiera estoy segura de que vengan de Dale. ¿Por qué no puedo tener una mariposa o algo más comprensible?

Dale estaba de pie frente a mí agitando un llavero de gran tamaño, dejaba caer las llaves y luego las recogía. Me sonrió con una actitud traviesa, pidiéndome que mencionara este hecho.

—¿Trabajaba en mantenimiento o con coches? —le pregunté—. ¿En un lugar donde tuviera que usar muchas llaves?

—No, tenía un trabajo de oficina y trabajaba en una computadora —respondió Amie.

Miré a Dale de nuevo; él negó con la cabeza, volvió a sacudir las llaves, las dejó caer y las recogió. Después lo escuché decir que le mencionara a Amie el lugar donde se habían conocido.

—Dice que recuerdes el día en que se conocieron...

Antes de que yo pudiera terminar la frase, los ojos de Amie se abrieron más ampliamente y se llenaron de lágrimas.

—Dale y yo nos conocimos en una gasolinera —dijo Amie, tomando un pañuelo desechable para limpiarse la cara—. Yo tenía prisa y entré corriendo para pagar la gasolina y comprar un refresco. Ahí estaba ese apuesto caballero con el que choqué accidentalmente haciendo que se le cayeran su refresco y sus llaves. Él debió enojarse conmigo; fue terrible. En lugar de gritarme, me pidió mi número de teléfono, y al año siguiente ya estábamos casados. Yo había olvidado todo eso.

—Entonces, ¿prefieres una mariposa? —le pregunté en son de broma.

Amie se sonrió.

—No, las llaves son mucho más adecuadas. ¿Pero qué opina él de billetes de cien dólares?

Aleve

Ronnie, el único hermano de Lou y su mejor amigo, murió de manera inesperada a causa de un incendio extraño. Él percibió olor a humo en la cochera e intentó apagar el fuego, pues temía que se produjera una explosión debido a la podadora de césped y a varios contenedores de gasolina que había cerca de ahí. En su pánico, su ropa se incendió y sufrió quemaduras en el 70 por ciento de su cuerpo. Esto le produjo una infección y murió varios días después.

Antes de morir, Ronnie tomaba un medicamento llamado Aleve para mitigar los dolores que sufría debido a la artritis. El día de un evento en su memoria, Lou sacó del armario su traje y unos zapatos que hacía mucho no usaba. Al ponerse uno de los zapatos, sintió algo que creyó era una piedrecita. Se quitó el zapato, lo volteó y lo que cayó fue una pastilla de Aleve.

—Yo no tengo Aleve en mi casa. Nunca lo he comprado y nunca lo tomo —dijo Lou sorprendida por esta señal, aunque Ronnie había muerto hacía casi diez años—. De vez en cuando, y al parecer cuando lo estoy extrañando mucho, encuentro pastillas Aleve en el corredor o mientras estoy sentada en la cocina. Yo vivo sola, así que sé que esa es la forma en que Ronnie viene a saludarme. No existe otra explicación.

Rocas

Michael falleció una semana después de cumplir dieciséis años. Había ido con sus amigos a un lago y accidentalmente se ahogó. Michael siempre amó a la naturaleza e incluso cuando era pequeño recogía rocas. Shannon, su mamá, siempre sacaba rocas que encontraba en sus pantalones y las ponía en un frasco de vidrio que tenía en la lavandería.

—No sé cómo nuestra lavadora sobrevivió tantos años porque a veces se me escapaban algunas rocas —dijo Shannon—. A Michael le gustaban especialmente las que tenían forma de corazón. Aunque era varón, era sensible y tenía un gran corazón —dijo sollozando y sacó de su bolsa una roca grande en forma de corazón, luego sacó una más chica y luego otra, hasta que tuvo más de veinte rocas sobre la mesa blanca que se encontraba entre su silla y la mía.

—¿Son de la colección de Michael? —pregunté con admiración, tomando la roca más grande. No es que las rocas en cierta forma semejaran corazones, sino que parecía que las hubieran esculpido.

—No, estas son las rocas que he encontrado desde que él murió, hace seis meses. Encontré la piedra que tienes en la mano en el cementerio, el día que lo sepultamos. Solo miré hacia abajo y ahí estaba.

—Eso es muy consolador para ti —dije, sintiéndome asombrada.

—Yo ni siquiera las busco, solo parecen estar justo ahí donde estoy, cuando más necesito un señal. Solo miro hacia abajo y ahí están.

Era obvio que Shannon todavía estaba sufriendo y que las piedras no necesariamente sanaban sus heridas, pero le daban la seguridad de que aunque Michael no estaba con ella físicamente, todavía estaba ahí de la única manera en que podía estarlo, comunicándose de la única forma que él podía hacerlo. El hecho de que Shannon reconociera estas señales causó en mí un gran impacto, especialmente estando tan reciente la muerte de su hijo.

El dolor tiene la capacidad de crear un velo a nuestro alrededor de tal forma que si la señal fuera un hipopótamo y ese hipopótamo llegara vistiendo un tutú color de rosa y bailara frente a nosotros, sería raro que nos diéramos cuenta de ello.

Por tanto, si perdiste a alguien recientemente, y no has recibido una señal, y sientes frustración o desconcierto, no temas. En lugar de eso, pídeles a tus seres queridos una señal y hazlo con claridad y en forma concisa, expresando la señal que deseas recibir. Así como Shannon no recorre los campos buscando una piedra en forma de corazón, tú debes permitir que las señales se presenten en forma natural. Al parecer, queremos controlarlo todo, pero el más allá es algo que es imposible de controlar. El hecho de que no estés viendo algo, no significa que no esté ahí.

Monedas

En muchas culturas existen mitos que se relacionan con las monedas y los muertos. En la mitología griega, Caronte, el barquero de Hades, cobraba por sus servicios cuando una persona moría y tenía que pasar al otro lado. Por lo tanto, para asegurarse de que un ser querido pudiera pagar su viaje al otro lado de los ríos Estigia y Aqueronte y llegar el mundo de la eternidad, le ponían una moneda en la boca para que no anduviera errante a la orilla de estos ríos por toda la eternidad.

En Inglaterra y en Estados Unidos, se colocan monedas de un centavo sobre los ojos cerrados de los muertos. Aunque no se sabe exactamente por qué razón se hace esto, existe la teoría de que es para asegurarse de que no se abran los ojos del difunto durante el funeral o para alertar a alguien en caso de que la persona no estuviera muerta en realidad.

Hoy en día, se dejan muchos recuerdos, incluyendo monedas en las tumbas o los sepulcros.

Las monedas son una de las formas en que nuestros seres queridos que están en el más allá captan nuestra atención y nos muestran que están cerca. Existen miles de historias de personas que poco tiempo después de perder a un ser querido empiezan a encontrar monedas en sitios al azar. En Estados Unidos, las monedas que la gente encuentra con más frecuencia son monedas de un centavo (*penny*) y de diez centavos (*dime*).

Algunas personas entienden lo que significa una señal cuando reciben la moneda de parte de su ser querido. Podría ser que su ser querido coleccionara monedas o que el cambio fuera importante para pagar por algo como un almuerzo o que hubiera ahorrado dinero para unas vacaciones especiales. Pero no todas las monedas tienen un significado y solo ayudan a atraer la atención.

Monedas de diez centavos

Brandy había practicado el baile de salón desde los cinco años de edad. Como era una niña muy vivaz, esta actividad le brindaba la oportunidad de canalizar su energía. Poco después, sus padres, sus abuelos y sus maestros de baile, supieron que Brandy estaba destinada para algo grande en lo relacionado con el baile.

La abuela de Brandy, la mamá de su papá, se encargaba de ella después de la escuela, pues sus padres tenían trabajos de tiempo completo. La abuela Gabrielle, o Gadgy, como la llamaba Brandy, era para ella una madre, más que una abuela. Le revisaba sus tareas, le imponía disciplina, la llevaba a sus clases de baile y la recogía cuando terminaban; le enseñó a Brandy a cocinar, coser y tejer. Allen, el esposo de Gadgy, había muerto antes de que Brandy naciera y aunque la mamá de Brandy a menudo le contaba historias de su padre, a Brandy le gustaban mucho las historias que le contaba Gadgy de cuando ellos eran novios.

A Gadgy también le gustaba mucho el baile de salón, pero a Allen no le gustaba tanto como a ella. Sin embargo, adoraba a su esposa. Gadgy decía que todos los días, cuando se levantaba, él le decía que en una escala del uno al diez, ella era su diez. En el mundo actual, algunas personas podrían pensar que ese comentario es insultante o degradante, pero hacía que Gadgy se sintiera amada y bonita. Le daba palmadas en el hombro a Allen con cariño y se sonrojaba.

Todos los viernes por la noche, Gadgy y Allen asistían a su clase de baile de salón y luego iban a cenar. Aunque Allen se quejaba, le encantaba pasar tiempo con su esposa. Sus compañeros de trabajo se burlaban de él por esta actividad en la que al parecer su esposa lo obligaba a participar, pero él solo les decía que estaban celosos. Él tenía una esposa que era un diez y ellos no.

Brandy creció en una población pequeña de Oklahoma; la misma población donde habían crecido sus padres y sus abuelos. Toda la gente quería a Allen; era extrovertido y le encantaba platicar con todo el mundo, incluyendo a los extraños. Su personalidad, siempre dispuesta a ayudar a otros, fue la causa de su muerte.

Era una tarde de verano cuando Allen se detuvo en la cafetería local a tomar una taza de café antes de irse a casa. Él había trabajado en una empresa eléctrica desde los dieciséis años de edad, pero en los últimos meses había estado muy tenso. La economía iba en descenso y sus jefes estaban muy malhumorados, lo que a su vez hacía que les cargaran la mano a los trabajadores.

En general, Allen se sacudía sus agresiones, pero ese día hacía un calor extremo y la tormenta que azolaba la región también se había desatado en su interior. Después de aproximadamente cien críticas injustas, Allen se quitó la bata de trabajo, gritó que se tomaría el resto del día libre para atender asuntos personales y salió del lugar. Estaba casi seguro de que no lo despedirían, pero después de haber trabajado ahí durante cuarenta años, estaba cansado.

Las cosas ciertamente no eran así cuando empezó a trabajar ahí. En ese entonces, todos se cuidaban entre sí. Ahora, solo era un número y eso lo hacía sentir frustrado porque sabía que las cosas no iban a cambiar. Pensaba que cuando regresara al día siguiente lo iban a recriminar. Sí, pensaba que posiblemente lo acosarían, pero había ocasiones en las que uno no podía seguir aguantando tanta agresión. En ese momento se rio al pensar que era bueno que no bebiera como bebía su papá, ¡pues de lo contrario ya estaría borracho! La bebida más fuerte que él tomaba era café.

—¿Deseas algo más, Allen? —le preguntó Earl, el dueño de la cafetería, mientras llenaba su taza de café.

Allen se sirvió dos vasitos de crema, abrió dos sobrecitos de azúcar y movió el café con una cuchara.

—No —dijo sacudiendo la cabeza—. Es probable que Gab ya se haya enterado de mi berrinche. Tal vez debo irme a casa.

Allen tomó un trago de su café, dejó dos dólares y cinco monedas de diez centavos sobre la mesa de formica azul celeste.

—No sé cómo puedes tener siempre un suministro de monedas de diez centavos —dijo Earl en son de broma mientras tomaba el dinero de la mesa y lo guardaba en la bolsa de su delantal.

Allen se encogió de hombros:

—Me gusta el número diez. Me casé con una mujer de diez. Mi hija es de diez y bueno, las monedas de diez centavos representan mi vida... un diez perfecto.

Earl sacudió la cabeza y añadió:

—Excepto por el día de hoy, ¿no es así? ¿Qué día es hoy?

Allen se sonrió con él, pero no añadió nada; solo salió y se despidió ondeando la mano. Mientras caminaba hacia su coche, buscaba torpemente sus llaves en la bolsa de su pantalón de mezclilla y dejó caer una moneda de diez centavos en el suelo. Se inclinó para levantarla, y justo cuando se incorporaba, vio a un hombre de chaqueta negra y pantalón de mezclilla negro, al otro lado de su coche. Al percatarse de la extraña vestimenta de este hombre en un día de mucho calor, Allen se dio cuenta de que este hombre estaba tratando de meterse en su coche. En lugar de enfrentarlo, Allen intentó iniciar una conversación.

—¿Puedo ayudarle? —dijo Allen en un tono bastante amigable.

El hombre solo se quedó ahí de pie, mirando fijamente a Allen. Allen se metió la mano al bolsillo y sacó un billete de veinte dólares.

—Tenga esto. Debería ser suficiente para que comprara un boleto de autobús.

El hombre no respondió; solo caminó lentamente hacia Allen y antes de que este se diera cuenta, el extraño levantó una barreta que tenía en la mano derecha y lo atacó, golpeándolo en la cabeza. Tomó las llaves, el billete de veinte dólares y se fue.

El rechinido de las llantas fue lo que hizo que Earl se asomara por la ventana; entonces vio a Allen tirado en el estacionamiento de asfalto y vio que su coche salía a toda velocidad hacia la autopista. Le gritó al cocinero que hablara al 911 y a la esposa de Allen, luego Earl corrió a ayudar al herido.

—Después de tres días, los médicos me dijeron que tenía que tomar una decisión —le dijo Gadgy a Brandy. Esta era una historia que Brandy le pedía que le contara, y aunque era dolorosa, su abuela reconocía que tanto las historias buenas como las malas ayudaban a mantener vivo el espíritu de su abuelo para ella.

—¿Y entonces encontraste la moneda de diez centavos? —preguntó Brandy.

Gadgy asintió.

—Yo estaba pensando en lo que debía hacer. No es una decisión fácil retirarle a alguien el soporte vital. Rezas pidiendo que ocurra un milagro, aunque los médicos te digan que es poco probable que eso suceda. Tu mamá se quedó con tu abuelo mientras yo fui a la capilla del hospital. Me senté en una banca y empecé a llorar, como estoy segura de que llora la mayoría de la gente en las capillas de los hospitales. Pero solo unos minutos después de que me senté, sentí una presión en el hombro. Pensé que tal vez era tu mamá o uno de los médicos, así que abrí los ojos y me di la vuelta, pero no había nadie. Incliné de nuevo la cabeza para decir una oración y entonces noté que en el suelo de la capilla había una brillante moneda de diez centavos. La levanté y supe que era el espíritu de tu abuelo, y que la moneda de diez centavos era una señal de que yo tenía que hacer lo más conveniente.

—¿Cómo supiste que no era una señal de que él iba a despertar?

Gadgy se mordió un labio y cerró los ojos por un momento, recordando el día en que había perdido a su mejor amigo. Esa era una pregunta que ella se había hecho durante catorce años. "Solo fue algo que sentí. Él no habría querido que yo lo mantuviera en esas máquinas. Era muy activo para quedarse en cama o en una silla de ruedas si despertara. Después de que desconectaron todas las máquinas, sostuve su mano y murió en paz", dijo Gadgy con los ojos llenos de lágrimas.

—¡Y luego llegué yo! —exclamó Brandy.

—El día del funeral de tu abuelo Allen, tu mamá se hizo la prueba de embarazo. Estábamos felices, pero también estábamos tristes porque sabíamos que tu abuelo habría estado feliz con la noticia. Habría sido un abuelo maravilloso.

Aunque Gadgy había contado esa historia muchas veces, nunca dejó de afectarle. Lo que le dijo a Brandy era verdad. Allen habría sido un abuelo muy práctico, como también había sido un padre muy práctico con su única hija.

—Siempre pensé que tú y tu abuelo se habían conocido en el cielo y que él fue el que te dio el don del amor a la danza, como una forma de hacernos felices a todos.

—Estoy nerviosa por la competencia de este fin de semana, Gadgy —confesó Brandy—. Ahora que soy una adolescente, ya no puedo ganarme a los jueces por ser una niña linda —dijo en son de juego.

Gadgy se rio. Hasta las cosas más descabelladas que decía Brandy, eran como algo que dijera Allen.

—Eres maravillosa, Brandy —le aseguró Gadgy, levantándose para poner a hervir las papas—. Mira eso —dijo señalando el suelo donde había una brillante moneda de diez centavos—. Creo que tu abuelo está de acuerdo. Eres de diez como tu querida Gadgy.

Brandy levantó la moneda y sonrió.

—Sigues encontrando estas monedas con frecuencia, ¿no es así?

Gadgy asintió con la cabeza y sonrió.

—Parece que siempre que necesito que algo me dé ánimo, encuentro las monedas de diez centavos. A veces parece como si brotaran de la nada, pero yo sé exactamente de dónde vienen.

La competencia de baile era al día siguiente. Gadgy había hecho el traje de Brandy y el de su pareja. Cuando Gadgy estaba en su sala de costura haciendo algunos ajustes finales, sus pensamientos regresaron a su conversación sobre Allen. Lo extrañaba mucho. Miró los frascos de cristal que estaban llenos con las monedas de diez centavos que había encontrado. Cada año llevaba el dinero que había juntado y lo donaba a una obra de caridad relacionada con lesiones cerebrales. A Allen le habría gustado eso.

Aunque ella creía en el cielo y estaba feliz de recibir estas señales, se sentía sola. Ocultaba su tristeza con fortaleza, con Brandy y con todas sus actividades. Lo había hecho durante casi quince años y sabía que en poco tiempo Brandy se iría a la universidad y seguiría con su propia vida. "¿Y entonces qué?", dijo en voz alta, como si esperara recibir una respuesta; luego se rio cuando lo único que oyó fue el maullido de su gato. "Probablemente se está preguntando qué le pasa a esta señora loca", se dijo.

Se levantó de su mesa de costura, se estiró, apagó las luces y se fue a su recámara. Tomó el control remoto de la televisión, la encendió y empezó a desvestirse. En ese momento, vio un brillante objeto plateado que captó su atención. Estaba justo en medio de la cama... era una moneda de diez centavos. Ella solo sacudió la cabeza con incredulidad, tomó la moneda, regresó a la sala de costura y la puso en el frasco de cristal. "Billetes de un dólar, Allen, ¿qué piensas de los billetes de un dólar?", murmuró.

Al día siguiente, se reunió con Brandy, con su hija y con su yerno en el salón de baile para la competencia.

Brandy se puso su traje de baile y se miró en el espejo. Normalmente no era nerviosa, podía eliminar la tensión que sentía. Respiró profundamente, sacó su lápiz labial de su neceser, y junto al estuche de maquillaje había una resplandeciente moneda de diez centavos. Fue casi como si pudiera escuchar a su abuelo, al que ella nunca conoció en el plano terrestre, que le decía: "Pase lo que pase, tú siempre serás de diez".

Aunque Brandy y su pareja obtuvieron el tercer lugar en la competencia, eso no afectó el estado de ánimo de Brandy. Después les dijo a todos que se reunieran en el vestidor, Gadgy sonrió y en silencio le dio las gracias a Allen. Era típico de él dar apoyo en la vida y en la muerte.

—Tú eres mi diez, Allen. Por siempre —susurró Gadgy.

Gadgy siguió encontrando monedas de diez centavos, al igual que su hija y su nieta Brandy.

Llámame

Jeff era un hombre de edad madura que vino a verme para una asesoría, y de inmediato lo puse en contacto con su mamá en el más allá.

—Ella no deja de mostrarme monedas de diez centavos, Jeff —le dije—. ¿Qué importancia tienen las monedas de diez centavos o el número diez? —le pregunté.

Jeff se rio mostrando incredulidad; él había venido a verme para que le ayudara a encontrar el propósito de su vida y para que viera su *currículum vitae*, y no creía que la sesión fuera a seguir el curso que estaba tomando.

—De hecho, he visto monedas de diez centavos saltar de la nada y caer al suelo justo frente a mí... muchas veces cuando estoy pensando o hablando de mi mamá. Casi nunca menciono esto con la familia —me explicó—. Me preocupa que alguien crea que estoy loco.

Sonreí mientras su mamá me mostraba varias bolsas *ziploc* llenas de monedas.

—¡Me está mostrando muchísimas monedas!

—Yo guardo todas mis monedas y tengo una bolsa de veinte centímetros llena, pesa como dos kilos o más —dijo Jeff.

—¿Significan algo las monedas de diez centavos? —le pregunté.

—Mi abuelo murió en 1988, cuando yo solo tenía nueve años de edad. Él trabajaba para la compañía telefónica y recogía el dinero de los teléfonos de paga. En ese entonces su usaban monedas de diez centavos para hacer llamadas —dijo sacudiendo la cabeza al pensar en todos los cambios que habían ocurrido en su vida—. Bueno, en su funeral, el ministro dijo en son de broma que era muy probable que las monedas de diez centavos fueran importantes para mostrarle a nuestra familia que él estaba con nosotros y que podíamos llamarlo cuando lo necesitáramos. Ese mismo día, cuando nos dirigíamos a almorzar después del funeral, encontramos nuestra primera moneda de diez centavos en el estacionamiento. Toda la familia sigue encontrando monedas de diez centavos en los lugares más extraños. No sé si el ministro era perceptivo o si solo estaba bromeando con nosotros, pero el hecho de "encontrar monedas de diez centavos", como le decimos, es una señal que nos da consuelo y nos asegura que el abuelo es nuestro ángel guardián.

El significado

En numerología, la moneda de diez centavos, se expresaría como 1 + 0 = 1. El uno se refiera al principio y es un número perfecto. En la numerología, los números perfectos muestran equilibrio entre lo bueno y lo malo, lo positivo y lo negativo, el Yin y el Yang. Algunas personas consideran que encontrar una moneda de diez centavos significa que sus seres queridos les están diciendo que a pesar de todo el mal (la muerte), ellos han encontrado lo bueno (el más allá). El número diez también significa llegar al final de un círculo y volver a empezar. El diez representa plenitud, logros y terminación; por lo tanto, se cree que las monedas de diez centavos simbolizan mensajes sobre oportunidades perdidas que se están recuperando. La moneda de un centavo nos da un mensaje similar de nuevos inicios.

Centavos desde el cielo

La mañana era fresca, así que me sentí muy bien cuando me puse una sudadera al salir de la casa para ir a correr como lo hago todas las mañanas. No pude encontrar mis auriculares, lo que me molestó un poco; necesitaba la motivación de escuchar a Blaine y Allyson de la estación 96.3 de Detroit y su charla para dar impulso a mi carrera; yo sentía que sin eso solo haría una caminata rápida y vigorosa.

Aunque era martes, todo estaba tranquilo en el vecindario y solo de vez en cuando pasaba una persona trotando con quien intercambiaba una sonrisa silenciosa o un saludo. Cuando di la vuelta en el parque que estaba cerca de mi casa, sentí un calambre terrible en una pierna y entré en pánico... había dejado mi teléfono en casa porque no había podido encontrar mis audífonos. ¿Qué pasaría si no podía volver a la casa?

Me recargué contra un gran roble y noté un movimiento en la banca metálica del parque. En la banca estaba sentado un anciano de cabello cano enmarañado; vestía una camisa blanca y pantalón gris oscuro; sobre su regazo tenía un saco. Junto a él estaba una mujer hermosa con una pañoleta color de rosa en la cabeza, una sudadera azul celeste que tenía bordada la palabra *abuela,* y pantalones de mezclilla. Pero el hombre no la estaba viendo... solo veía al frente y sollozaba.

—Peg, ¿cómo pudiste? ¿Cómo pudiste dejarme? —lloraba.

De inmediato se me llenaron los ojos de lágrimas, pues me di cuenta de que estaba vestido para el funeral de Peg.

La mujer de la pañoleta color de rosa estaba sentada ahí en espíritu con la mano sobre la pierna izquierda de su esposo. Pude ver, por su aura, que ella no había cruzado todavía. Su energía estaba cargada de dolor a causa de la tristeza, sin embargo sentía alivio, pues ya no sufría el dolor físico que había soportado durante tanto tiempo.

—Dijiste que vivirías, Peg. Dijiste que lo lograrías —continuó él, pero cada palabra derramaba enojo y tristeza—. ¿Me oyes? ¿Al menos me oyes?

La dama volteó a verme, sabiendo que yo podía verla, y me sentí impactada. Pero el anciano estaba tan angustiado que yo temía que hiciera algo drástico que los pudiera alejar durante algún tiempo. Por eso me acerqué en silencio a la banca del parque, cojeando y tratando de ignorar el dolor que sentía en la pierna, que de ninguna manera era comparable con el dolor que el esposo de Peg sentía en su corazón y en su alma.

Mentalmente, le pregunté a Peg cómo se llamaba su esposo. Yo siempre he sido muy mala para los nombres, ante todo porque dudo poder recordarlos, así que les pido a mis guías que sean precisos. "Bill, se llama Bill", escuché.

Con un aire tan despreocupado como pude, caminé frente a Bill, me detuve y lo miré. "¿Bill?", pregunté, fingiendo reconocerlo. Yo soy pésima para mentir, así que esperaba que no se diera cuenta de que estaba mintiendo.

El hombre se enjugó las lágrimas y elevó la vista para verme desconcertado.

—Bill, lo siento mucho. Supe lo de Peg. Mi mamá era amiga suya —mentí, esperando ser perdonada—. Ella libró una batalla terrible.

—Durante años —respondió él, sacando un pañuelo para sonarse—. Maldito cáncer.

Yo asentí con la cabeza mostrando comprensión.

—¿Sabe?, yo realmente creo que nuestros seres queridos nos escuchan en el cielo. Cuanto más hable usted con ella, las cosas serán más fáciles. Sé que no es lo mismo que si ellos estuvieran aquí con nosotros, pero nos ayudan a enfrentar los días difíciles. Por lo menos me ayuda con mi mamá.

Bill inclinó la cabeza y empezó a llorar de nuevo.

—Dile que le mandaré centavos —me dijo Peg.

—¿Alguna vez ha escuchado hablar de los centavos del cielo?

Bill levantó la cabeza, sus ojos verdes seguían brillando por las lágrimas, y me miró de manera extraña. Metió la mano al bolsillo y sacó un centavo.

—Cuando me senté en esta banca, lo encontré ahí. Pensé que tal vez era una señal de ella y luego pensé que eso era una tontería.

—¿De qué año es el centavo? —pregunté, con la esperanza de que mi intuición fuera correcta.

—¿Qué? —preguntó desconcertado.

—Simple curiosidad por saber la fecha de la moneda. Escuché que si uno encuentra una moneda en un lugar conspicuo la fecha podría ser relevante. Simplemente podría ser...

—¿Qué...? —dijo Bill tartamudeando mientras observaba la moneda opaca de cobre—. 1955 —me miró—. El año de nuestra boda —sus ojos se llenaron de lágrimas una vez más.

—Ella te escucha, Bill. Estoy segura de que te escucha. Sigue hablando con ella. Vive tu duelo, pero celebra con ella que ya dejó de sufrir. Creo firmemente que las monedas son una señal para ti, y que provienen del cielo.

Miré a Peg; ella estaba llorando pero sonrió dándome las gracias a través de sus lágrimas.

Cuando Bill se levantó de la banca, le di un abrazo a pesar de ser una completa extraña para él. No era un abrazo mío, era un abrazo de Peg para él; aunque él no se enterara.

Al alejarme, me di cuenta de que no era una coincidencia que no pudiera encontrar mis auriculares, como tampoco lo era el que yo hubiera caminado por ahí ese día y a esa hora, o que tuviera que detenerme al sentir un calambre en la pierna. Muy a menudo se nos coloca en situaciones determinadas, en momentos precisos, con personas específicas, para llevar a cabo ciertas tareas; pero estamos tan absortos en nuestro mundo, que no nos percatamos de ello. Tampoco escuchamos y la mayoría de las veces no las llevamos a cabo.

Date tiempo, en tu intenso horario de actividades diarias, para mirar y escuchar lo que pasa a tu alrededor... para *realmente* mirar y escuchar lo que pasa a tu alrededor. Recibimos mensajes del más allá todo el tiempo. O las personas que están en esta vida nos mandan mensajes. ¿Estás escuchando? ¿Escuchas los mensajes? ¿Estás prestando atención a tus monedas que llegan del cielo?

Capítulo cinco

Guía desde el más allá

He dirigido sesiones con personas que han tenido experiencias terribles, y su fortaleza siempre me causa asombro. Cuando les pregunto cómo superaron la tristeza y el caos de la situación, la respuesta por lo general es la misma: haces lo que tienes que hacer para encontrar paz en tu interior; para simplemente pasar a través de ello.

No todos los que andan errantes están perdidos

—Habla Kristy —dije al contestar el teléfono.

—¿Kristy Robinett? —preguntó la mujer al otro extremo de la línea.

—Sí —respondí, pensando que seguramente se trataba de una vendedora.

Y como yo raras veces, o casi nunca, contesto el teléfono, me preguntaba si iba a lamentar haberlo hecho en esa ocasión.

—Kristy, esto va a parecer una locura —escuché que la mujer respiraba profundamente—. Creo que en mi casa hay fantasmas y me pregunto si tú podrías echarme la mano.

—Espera... empecemos por el principio, ¿me puedes dar tu nombre? —dije sonriendo.

Sentí que ella también me sonreía.

—Lo siento —dijo suspirando nerviosa—. Me llamo Kim y vivo en la zona de Novi, Michigan.

Yo recibo llamadas de todo Estados Unidos y Canadá de personas que creen ser víctimas de fantasmas. Obviamente, no puedo viajar a todas partes, pero al ver que Kim se encontraba en una zona cercana y teniendo un par de horas libres al día siguiente, anoté su dirección y prometí visitarla.

—Siento un gran alivio —suspiró—. ¡Parece que estoy enloqueciendo!

Al día siguiente, llegué a una casa estilo colonial que se encontraba en medio de un suburbio elegante; estacioné el auto, apagué el motor, cerré los ojos y me relajé. Es importante fundamentarse, o asegurar y atar tu energía, para que la información que recibas provenga del lugar adecuado. ¿Alguna vez has estado sentado en una sala donde muchas personas están hablando y sientes que estás a la deriva y no puedes entender lo que dice la gente? Esto pasa cuando no te serenas.

Abrí la puerta del coche, tomé mi bolsa de mano y me dirigí a la gran puerta principal de color rojo que estaba decorada con una hermosa corona de hojas de parra. Ni siquiera tuve que tocar el timbre, ya que una mujer hermosa abrió la puerta y se presentó; era Kim y me invitó a entrar.

De inmediato observé el espíritu de una mujer que era la viva imagen de Kim, solo que de mayor edad; estaba de pie detrás de ella. Sonreí; era un caso mucho más sencillo de lo que pude haber esperado.

Me senté frente a Kim, en un sillón de su sala desde donde se veía un riachuelo. Se sentía mucha tranquilidad, esta casa no era como algunas otras que he tenido que investigar.

—Mi despertador no deja de sonar a las 4:30 a. m. todas las mañanas, Kristy. Sin importar lo que yo haga. Hasta compré un despertador nuevo, y claro, también sonó a esa hora. Además, mi cafetera se enciende al azar para preparar café. Yo la conecto en la mañana, pero de vez en cuando, estoy aquí sentada y huele a café; entonces veo que en la cafetera se acaba de preparar café.

Yo asentí con la cabeza y miré a la mujer mayor que estaba presente en espíritu y que estaba sentada junto a Kim, con una sonrisa traviesa.

—Hasta llamé a un electricista, pero me dijo que nada estaba mal. ¡Sin embargo, antes de irse, me dijo que había escuchado un murmullo y que tal vez tenía un fantasma en la casa! Me reí porque pensé que él estaba bromeando, pero estaba muy serio. Me dio su tarjeta de presentación.

Levanté una ceja y me reí. Siempre he considerado interesante la forma en que las personas reciben información.

—Kim, ¿tu madre acaba de morir... hace menos de un año?

Kim me miró con sus grandes ojos verdes y asintió con la cabeza.

—Sufrió un derrame cerebral, ¿no es cierto?, y tuviste que desconectarle los aparatos de soporte vital.

—¿Cómo supiste...?

—No te están acosando fantasmas, Kim, solo estás recibiendo un saludo del cielo. De hecho, tu mamá está sentada a tu lado, dicho sea de paso...

Kim me miró y luego miró a su lado con la esperanza de ver a su mamá.

—Ella dice que no dejas de preguntarte si hiciste lo correcto.

Kim empezó a llorar y asintió con la cabeza.

—Ah, sí. Me lo pregunto todas las noches al irme a dormir.

—Hiciste lo correcto —dije tranquilamente—. Así que tu mamá solo está tratando de dártelo a entender. Y en lo relacionado con el café, ella dice que simplemente trata de ayudarte. La hora en que suena el despertador tiene algo que ver con tu fecha de nacimiento.

Kim se enjugó las lágrimas.

—¡Mi cumpleaños es el 30 de abril!

—Así que lo del despertador solo podría ser una forma de decirte que ella está feliz de que seas su hija.

De inmediato, escuché a la mamá decir: "No todos los que están errantes están perdidos". Se lo repetí a Kim y ella se rio.

—Mamá siempre decía eso. Tal vez sea necesario cambiarlo a "No todos los que se aparecen son fantasmas" —Kim se quedó pensativa por un momento—. ¿Entonces, ella no es un fantasma?

—No, solo es tu mamá y no es un fantasma. Reconócela, habla con ella, pero ante todo perdónate por algo que no necesita perdonarse... el trayecto de tu mamá era su trayecto y tú no deberías sentirte responsable por ello.

Noventa y nueve por ciento de los casos que se consideran paranormales y que me llaman pidiendo ayuda no tienen relación alguna con fantasmas, sino con un espíritu. Los fantasmas son seres que todavía no han cruzado, mientras que los espíritus son seres que ya lo han hecho, pero vienen de visita. Y la mayoría de los espíritus que nos visitan son miembros de la familia, amigos y a veces vecinos entrometidos que tal vez vivieron en esa casa o en esa zona.

Kim me llamó varios meses después para decirme que la cafetera seguía conectándose sola de vez en cuando, y que el despertador sonaba, pero no con tanta frecuencia como antes. Pero me dijo que ante todo me había llamado para decirme que ya se había perdonado y sentía consuelo al saber que su mamá seguía estando cerca de ella. "Creo simplemente que no estaba en contacto con todo lo que estaba pasando ¡y no consideré la posibilidad de que se tratara de mi mamá!".

El vestido de novia

—Patty, tienes que considerar esto seriamente. Estás demasiado cansada para hacer esto sola —le dijo el hombre de cabello cano y dulces ojos color café, mientras tocaba con cariño su hombro derecho y salía del cuarto de hospital.

Patty miró a la frágil mujer que yacía en la cama. Era difícil ver en ella a su madre. Y era aún más difícil creer que esa mujer, que parecía tener más de ochenta años de edad, solo tenía sesenta años y estaba a punto de morir. Patty dirigió la mirada al panfleto que el Dr. Tuttle le había dado y sintió un escalofrío: "Termina tu vida con gracia y dignidad con atención especializada para pacientes en etapa terminal".

Gloria se había quejado de dolores de cabeza por años, pero ni Patty ni su mamá pensaron que se tratara de algo como esto. Se le había diagnosticado cáncer hacía solo tres semanas. Cáncer etapa 3 en el cerebro. Los médicos estaban haciendo todo lo posible por tratarlo, pero Patty dudaba pensando que el tratamiento podía matar a su mamá antes que el cáncer. Sin embargo, sabía que sin importar lo que se hiciera, su mamá no sobreviviría por mucho tiempo.

La empresa donde trabajaba Patty había sido compasiva con ella, pero ya había agotado todos los días libres de los que disponía como permisos por enfermedad o periodos de vacaciones. Ya no podía faltar al trabajo y cobrar, pero tenía que cubrir sus gastos. Además, estaban sus dos hijos que también la necesitaban. El exesposo de Patty había asumido de mala gana sus responsabilidades a tiempo completo, pero su paciencia también se estaba agotando. Patty estaba entre la espada y la pared.

—¿Todavía estás ahí, Pat? —dijo su mamá angustiada.

—Claro, mamá. ¿Necesitas algo? ¿Quieres que pida algo de comer? —preguntó Patty humedeciendo una toallita y colocándola en la frente sudorosa de su mamá. Los medicamentos que le estaban administrando a Laura eran muy agresivos. Ella temblaba, pero al mismo tiempo tenía fiebre. Patty solo esperaba que su mamá pudiera temblar hasta acabar con el cáncer, pero sabía que eso era imposible.

—No, no tengo hambre. Tienes que ir a recoger a los niños. Ve a pasar algo de tiempo con ellos. Te prometo que todavía no me voy a morir —Gloria sonrió con malicia, pero alegre; y aunque fue un poco macabro el momento, solo duró un segundo, pues ella empezó a vomitar en el pequeño bacín que la enfermera le había dejado en la mesita—. Vete, hablo en serio, Pat. Al menos ve a casa, date una ducha y duerme un poco. ¿Cómo vamos a encontrar un médico atractivo para ti si tienes ese aspecto?

Patty movió los ojos y sonrió. Siempre había disfrutado el pícaro sentido del humor de su madre. Y eran muy pocas las ocasiones en que Gloria no tratara de encontrarle una pareja a Patty. Un día después de que Gloria recibiera su diagnóstico, miró a Patty directamente a los ojos y le dijo que en la vida o en la muerte, ella encontraría a esa persona especial para ella, porque sentía que Patty lo merecía.

El padre de Patty era el alma gemela de su madre. Gloria y Bill se habían casado siendo muy jóvenes, a los diecinueve años de edad, y solo un año más tarde, recibieron a su única hija, Patricia Jean Schultz. Habían pasado juntos casi cada minuto, hasta el día en que Bill murió repentinamente; de eso ya habían pasado cinco años. A Bill le gustaba colaborar y ayudar como voluntario en el Cuerpo de Bomberos. En una fría noche de invierno, recibió un llamado; un restaurante de la localidad se estaba incendiando. Pocas horas después, Gloria contestó una llamada en la que le dieron la terrible noticia de que el techo del edificio en llamas se había venido abajo sobre Bill, y que había muerto al instante. Gloria era una sobreviviente, era fuerte, y creía en la vida después de la muerte. "La fe nos ayudará a superar esto, Patty", le decía.

Patty no estaba tan segura. La pérdida de su padre ocurrió el mismo año en que terminó su matrimonio. Estaba tan devastada que volvió a usar su apellido de soltera, a pesar de que sus amigos y familiares le dijeron que esa era una actitud ridícula; sin embargo, ella sentía que era la única forma de mantener cerca a su papá. La única forma.

Patty perdió la fe y se volvió amargada, a pesar de tener dos hijos maravillosos. Su vida era como la película *Hechizo del tiempo (Groundhog Day)*: despertar, arreglar a los niños para ir a la escuela, llevar a los niños a la escuela, ir a trabajar, regresar a casa, preparar a los niños para ir a la cama, acostarse, y repetir lo mismo al día siguiente. Estaba viviendo para morir, no estaba viviendo para vivir. Su madre lo sabía y a menudo la acosaba insistiendo en que siguiera adelante con la vida.

—¿Por qué no sales con un amigo, Patty? Eres muy bonita, y muy inteligente. Solo porque te hayas casado con un patán y te hayas divorciado de él, no significa que no haya hombres mejores allá fuera.

Patty se enojaba con su mamá e ignoraba el comentario. Pero tenía miedo de volver a fracasar. Era más fácil seguir actuando así.

—Bueno, un día voy a encontrar a alguien para ti y te voy a obligar a salir con él —le advertía Gloria—. Sé que tu papá también desea eso.

—¿Desea? Papá está muerto. No puede hacer nada por ti, por mí, por sus nietos. Ya se fue.

El cinismo de Patty nunca afectó a Gloria. Ahora era ella la que ignoraba el escepticismo de su hija. "Algún día lo verás, Patty, lo verás".

Patty sacudió la cabeza y se dio cuenta de que estaba más cansada de lo que creía. "Una ducha y dormir un rato, parece excelente, mamá, pero si necesitas algo, llámame, o pídele a la enfermera que me llame de inmediato, ¿de acuerdo?".

Patty se inclinó y besó a su mamá en la frente. Olía a talco para bebé. Gloria siempre olía a talco para bebé.

Cuando Patty caminaba hacia su coche, volvió a sentirse culpable. Aunque realmente necesitaba una ducha y dormir un poco, su madre estaba luchando entre la vida y la muerte y eso lo sobrepasaba todo, incluyendo el empleo de Patty; había recibido cuatro mensajes de voz preguntando la fecha en que regresaría al trabajo.

En cuanto Patty entró a la casa, escuchó que el teléfono estaba sonando. Dejó sus llaves sobre la mesa del comedor en la que estaba el correo de tres semanas sin abrir, y tomó el teléfono.

—Hola.

—¿Sra. Schultz?

Patty contuvo la respiración, pidiéndole a Dios que no fuera la llamada que tanto temía.

—Sí, yo soy la Sra. Schultz, ¿en qué puedo servirle?

—Soy María, de la tienda 'I do again' (Digo que sí una vez más). Me da mucho gusto haberla contactado finalmente. Lo hemos estado intentando durante toda la semana. Su vestido de novia está listo y puede pasar a recogerlo en cualquier momento —dijo la mujer en un tono alegre y positivo.

—Lo siento, debe haber un error —exclamó Patty.

—¿Es usted Patricia Schultz?

—Mmm, sí, pero le aseguro que no tengo que recoger un vestido de novia. Ni siquiera tengo un hombre con quién casarme luciendo un vestido de novia —dijo Paty riéndose.

—Esto es muy extraño. Tengo su nombre como Patricia Schultz y este número telefónico. Aquí dice que la fecha de la boda es... permítame verificarlo para estar segura. Sí, aquí está: el diez de abril, dentro de seis meses.

Patty contuvo la respiración. El 10 de abril era la fecha en que sus papás se habían casado, era el aniversario de su boda. Qué coincidencia tan extraña, pensó. Todo esto era desconcertante.

—Lo siento, pero debe haberme confundido con otra persona. Ese vestido no es mío.

En ese momento sonó su teléfono celular y ella vio que la llamada era del hospital.

—Tengo que colgar. Espero que encuentren a la verdadera dueña del vestido —dijo Patty, colgó el teléfono y respondió a la llamada del celular.

—Patty, soy el Dr. Tuttle. Tu mamá falleció hace unos quince minutos. Hicimos todo lo posible, pero ella ya no estaba con nosotros. Lo lamento.

Patty ni siquiera estaba segura de la razón por la cual se rio y pensó que en su trabajo les iba a dar gusto saber que ella probablemente retomaría sus actividades la siguiente semana, pero ese fue su primer pensamiento, antes de colapsarse y sollozar:

—Mamá, me prometiste que no morirías. Sabía que no debía dejarte. ¡Lo prometiste!

La llamada sobre el vestido de novia quedó prácticamente olvidada.

Gloria era experta en hacer planes, y después de la muerte de Bill, ella planificaba y pagaba todo en la casa. Siempre fue muy organizada y ordenada, lo que facilitaba las cosas para Patty. Y aunque al paso de los años ellas solían discutir porque Gloria estaba a punto de caer en un comportamiento obsesivo compulsivo que rayaba en un orden exagerado, en el momento de su muerte, Patty, estaba muy agradecida por todo lo que Gloria había hecho por ella. Solo cuatro días más tarde, Patty regresó a trabajar, como si el mes anterior nunca hubiera sucedido.

Patty se desempeñaba como gerente de Tecnologías de la Información en una gran empresa pública, donde más bien era un número y no una persona. Recibía llamadas de toda la corporación, sus responsabilidades incluían desde resolver problemas relacionados con las impresoras, hasta problemas de monitores de computadora que perdían la imagen. Ella organizaba presentaciones para los ejecutivos y coordinaba a los miembros de su equipo en relación con eso. No había muchas mujeres en su campo de trabajo y ella era competente y conocía a fondo sus actividades. Pocos días después del funeral de su madre, su asistente, Janet, le entregó una pila de *currículums vitae*.

—Autorizaron la contratación de otros dos miembros para nuestro equipo —dijo Janet—. El primer candidato llegará dentro de media hora, y otros cuatro estarán llegando, uno cada media hora. Ya pedí que te trajeran algo de comer. Te ves agotada y necesitas alimentarte —Janet salió de la oficina tan rápido como había entrado.

Patty se sonrió. Estaba agradecida por Janet y por su franqueza. Ellas dos hacían un buen equipo. La mayoría de las personas se ofenderían con esa actitud tan franca, pero no Patty. La persona que se había sentado a unos cuantos metros de ella a lo largo de más de ocho horas diarias, cinco días a la semana, durante más de diez años, nunca le había preguntado cómo estaba... ni siquiera después de la muerte de su padre o de su madre. Pero Janet sabía que Patty era una mujer madura y que ella no era su confidente sino su asistente. Se entendían muy bien.

Después de la entrevista con el tercer candidato, Patty dejó caer bruscamente su portafolio sobre el escritorio. Cualquiera de ellos estaría bien. Patty sabía que se sentía entumecida, pero estaba contenta de haber vuelto a la oficina y a la rutina de trabajo, aunque en cierta forma fuera como en la película *Hechizo del tiempo (Groundhog Day).*

—Sra. Schultz, aquí está su último candidato —dijo Janet al entrar a la oficina de Patty con un hombre alto y delgado.

Patty pensó: "Debe medir 1.90 m", tratando de no mirarlo fijamente cuando se puso de pie para saludarlo. Patty estrechó la mano del desconocido.

—Llámame Patty. Por favor toma asiento.

—Me llamo Bill —dijo el hombre presentándose y se sentó en la silla de oficina de *tweed* color gris, que estaba frente a Patty.

Patty trató de no distraerse durante la entrevista, pero no pudo evitar sentir una conexión extraña con Bill. A pesar de tener el mismo nombre que su padre, había muchos Williams y Bills, así que no le dio importancia a ese hecho, pero había algo que hacía que ella se sintiera cómoda cerca de él.

Antes de que terminara la entrevista, Janet entró con dos sándwiches y una bolsa de papas fritas y las puso sobre el escritorio. Patty estaba desconcertada:

—Janet, todavía no termino. Esto puede esperar.

Janet le sonrió a Bill:

—Pero estoy segura de que ya estás contratado. Mira, ella acaba de perder a su madre y necesita comer. Estoy segura de que si comes con ella, va a comer bien.

Antes de salir de la oficina, Janet le cerró el ojo a Patty, lo que hizo que ella se sonrojara.

—Lamento este comportamiento poco profesional. Mi asistente no suele actuar así —dijo Patty disculpándose.

—No necesitas disculparte. Mi padre murió el año pasado —dijo Bill—. Entiendo cómo te sientes. ¿Por qué no empezamos a comer y simplemente hablamos de temas ajenos al negocio? O podemos comer mientras hablamos de discos duros si eso hace que te sientas más cómoda —bromeó Bill con una actitud traviesa.

Patty lo miró fijamente durante una fracción de segundo, tratando de encontrar una excusa relacionada con el hecho de que ella fuera la jefa, y en ese momento percibió el aroma de talco para bebé. Miró alrededor para ver de dónde venía, pero nadie había pasado por ahí. Ese aroma le recordó a su madre y por un momento pensó que tal vez el cielo le había mandado a Bill, pero luego se rio. Decidió que solo era una coincidencia sin sentido.

Pero era extraño porque Patty percibió algo. Después de muchos años, Bill la había hecho sentir algo diferente y lo más extraño era que no tenía miedo. Pasaron más de dos horas hablando de sus familias, sus divorcios y sus lugares favoritos para ir de vacaciones... que por irónico que parezca, se trataba del mismo lugar: Charleston, Virginia.

Patty contrató a Bill de inmediato junto con otro candidato que había entrevistado, pero no sabía con seguridad qué iba a hacer. Definitivamente, ella no podía sentir algo por un extraño que ahora era su nuevo empleado y que acababa de conocer, ¿o sí?

Bill también lo sintió, y se negó a aceptar las excusas de Patty para no salir con él. No había nada en el Manual de Empleados que dijera que fuera ilegal o contrario a la ética que ellos salieran juntos, y después de mucha insistencia y muchos ruegos, Patty aceptó su invitación un viernes en la noche. Y a lo largo de los dos meses siguientes, salieron juntos todas las noches de viernes y sábado. Llegó la víspera del Año Nuevo, era justo la medianoche, cuando Bill se arrodilló frente a Patty y le propuso matrimonio; sus hijos estaban a su lado. Ella aceptó, sin tener ninguna duda en la mente.

—No quiero nada grande para la boda —dijo Patty—. Solo algo sencillo.

Pero las chicas insistieron en que comprara un vestido de novia, aunque fuera muy discreto. Tanto a su mamá como a su abuela les habría gustado que lo hiciera. Así que cuando fue a una tienda de vestidos de novia cerca de la oficina, el nombre de la tienda le dio risa: 'I do again' (Digo que sí una vez más), y luego pensó en la llamada que había recibido justo antes de la muerte de su mamá.

—¿Puedo ayudarle? —preguntó una mujer madura de cabello rubio corto.

Patty empezó a hablar de una boda sencilla y de un vestido discreto, hasta que la vendedora dijo riéndose:

—Primero, empecemos con su nombre; yo soy Sophie.

Patty se rio y se disculpó.

—Me llamo Patty Schultz y estoy buscando un vestido de novia discreto. La segunda vez que uno se casa tiene cierta magia, ¿no es cierto?

Sophie miró a Patty como si hubiera visto un fantasma y luego le pidió que repitiera su nombre.

—Patty Schultz —repitió Patty—. ¿Nos conocemos? —preguntó confusa.

—Eso es lo que creí que habías dicho. Creo que te llamé hace varios meses sobre un vestido que nunca recogiste.

—¿Nunca encontraste a la dueña? —preguntó Patty sorprendida.

—Dame un momento, por favor —dijo Sophie y caminó rápidamente a la trastienda. Unos minutos después regresó con una bolsa blanca sobre el brazo—. Pruébate este, solo por diversión.

Patty estaba desconcertada, pero siguió a Sophie a los probadores. Sophie le indicó a Patty que subiera a un pedestal rodeado por tres espejos. Mientras Patty se desvestía, pudo ver brevemente el vestido en el espejo cuando Sophie abría la bolsa. Era hermoso, discreto, elegante. Y era exactamente lo que ella estaba buscando.

Sophie deslizó el vestido sobre la cabeza de Patty y ambas se quedaron boquiabiertas. Le quedaba a la perfección y Patty empezó a llorar al mirarse en el espejo. No solo era el vestido, era que ella nunca había pensado que volvería a creer en el amor, en el matrimonio, en esto. Y sintió el deseo de que su mamá pudiera verla ahora.

—Pero no entiendo —le dijo Patty a la vendedora—. ¿Cómo? Acabo de conocer a mi prometido...—antes de que pudiera terminar la frase, pudo ver la firma en la factura que estaba sujeta con una grapa a la bolsa del vestido. Obviamente era la firma de su mamá. Ella sabía que su mamá era muy organizada, pero esto era demasiado, y sin embargo, estaba muy agradecida por ello.

—Increíble —dijo Sophie cuando Patty terminó de explicarle todo—. Bueno, está pagado y es todo tuyo. Hasta podrías decir que es un regalo del cielo.

Y en ese momento, Patty percibió el olor de talco para bebé y supo que en verdad era un regalo del cielo.

Traer paz

"Solo quiero paz", Delores cruzó las manos sobre su regazo y me miró con sus ojos color miel.

Esta hermosa mujer sureña de sesenta y tantos años de edad había tenido varios años muy difíciles. Era originaria de Georgia y había vivido en Michigan durante varias décadas. Sin embargo, conservaba su acento sureño. Sus padres habían muerto juntos en un accidente automovilístico. Aunque el hecho de que estuvieran juntos hizo que Delores sintiera algo de paz, antes de que sus cuerpos fueran sepultados, sus tres hijos se enfrentaron en una pelea relacionada con las propiedades de sus padres. Una familia que hasta entonces se había mantenido unida, ahora estaba dividida y se dijeron cosas que nunca podrían olvidarse y que probablemente sería imposible perdonar.

—¿Y qué es lo que te trae paz, Delores? —le pregunté.

Ella frunció la nariz como si le hubiera pedido que comiera algo que no le gustaba.

—Lo único que sé es que mi vida es un caos y me estoy perdiendo; estoy perdiendo mi matrimonio, estoy perdiendo a mis hijos... estoy perdiendo la cordura. Solo deseo paz —repitió con firmeza—. Y extraño a mis padres —dijo en tono solemne.

—Si no sabes qué es lo que te trae paz, ¿cómo podrás encontrarla?

Bueno, yo no soy Confucio, pero creo que cuando nos sentimos más perdidos, cuando vivimos en el caos más terrible... es cuando descubrimos el secreto que hay en el interior de nuestra alma. Claro que es posible que despreciemos esos momentos, que nos lamentemos y hagamos preguntas tratando de descubrir por qué fuimos lanzados a esta situación tan horrible, pero cuando se despeja el polvo, muy a menudo recibimos lecciones de la vida que nos ayudarán, o ayudarán a otros.

—Delores, cierra los ojos y mírate como una mujer feliz... describe lo que ves.

—Veo a mi familia alrededor de la mesa del comedor.

—¿Percibes algún olor?

—Huelo a palomitas de maíz.

—¿Qué están haciendo?

—Nos estamos riendo de un chiste tonto que contó uno de los niños.

Delores abrió los ojos, que estaban llenos de lágrimas.

—¿Entonces, mi paz es exactamente lo que me está volviendo loca?

—No exactamente, pero ahora sabes que te sientes en paz cuando la familia está reunida, cuando se llevan bien... y las palomitas de maíz tienen algo que ver con esto.

Las dos empezamos a reírnos.

—Pero en realidad, ¿sabes por qué percibiste el olor a palomitas de maíz? ¿Qué tiene que ver eso con tu mamá y tu papá?

Delores frunció la nariz de nuevo, pero se quedó en contemplación unos minutos más.

—No me había dado cuenta de que pensar en mi mamá y en mi papá me trae paz. Mi mamá solía hacer palomitas de maíz todos los viernes en la noche. Siempre nos divertíamos con eso. Cuando yo era una jovencita pensaba que esto no era importante para mí, pero de hecho era más importante de lo que creía.

—Cuando encuentras paz en tu interior, llegas a ser la clase de persona que puede vivir en paz con los demás. Incluso, las palomitas de maíz podrían ayudar a crear esta paz.

Delores vino a verme de nuevo varios meses después de esa primera cita y me dijo que había empezado a tener noches de palomitas de maíz y cine todos los viernes con la familia y se sentía cerca de sus padres y de la familia.

Le sugerí a Delores que empezara a escribir un diario para anotar las cosas positivas, las cosas que hacían que se sintiera satisfecha; que comenzara sus días con pensamientos de paz y los terminara de la misma forma. La paz rara vez tiene que ver con cosas materiales; uno puede encontrar paz en momentos sencillos.

Capítulo seis

Animales

Las señales comunes del reino animal que recibimos del más allá incluyen mariposas, libélulas, aves, catarinas y ardillas, pero en realidad la lista es interminable y en ocasiones supera la imaginación. Pronto leerás acerca de un joven que cuando murió le mandaba arañas a su mamá. No es que tus seres queridos reencarnen como animales, sino que mandan su energía a ese animal. Sabrás que se trata de una señal si el animal actúa de forma inusual, como posarse en ti, tocar tu ventana insistentemente, mirarte fijamente y no moverse, o "hablarte" emitiendo gritos o sonidos incesantes. Tratan de hacer esto muy obvio para que no dudes; tómate un minuto para detenerte y prestar atención, de modo que tus seres queridos puedan darte a entender que todavía están cerca y que están contigo.

Presta atención a un animal que actúa en forma inusual, como una mariposa que no se aleja de ti, o una mascota que se te queda viendo desde un rincón, o tal vez continuamente encuentras catarinas en lugares poco usuales. Los animales tienen un contacto muy cercano con el mundo del espíritu y pueden indicarnos que un espíritu está presente o pueden ayudar a transmitir un saludo desde el cielo.

Pato, pato

Muchas veces existe una razón por la cual nuestros seres queridos nos muestran un animal; por ejemplo, tal vez era el animal favorito de la persona que se ha ido, aunque en ocasiones no es fácil ver por qué eligen *ese* animal de manera específica... hasta más tarde.

Llegó a mi oficina una persona que insistía mucho en hablar con su madre que había muerto hacía diez años. La mamá de Dottie se presentó con un consejo muy maternal. Le preocupaba que su hija siempre estuviera de prisa y tensa; de hecho decía que Dottie era impertinente.

—Detente a disfrutar el aroma de las rosas —dijo enfáticamente su mamá.

Cuando le transmití este mensaje a Dottie, ella mostró una actitud inapropiada.

—Ella dice que los patos son importantes. Los seis patos, para ser exacta.

—No tengo idea de lo que quiere decir, Kristy —dijo Dottie muy molesta.

—¿Ustedes son seis? ¿Tu mamá tuvo seis hijos?

—Bueno, sí, ¿pero qué significan los patos?

Me encogí de hombros, pues su mamá no dijo nada que pudiera aclarar esto. Saqué uno de mis libros favoritos: *Animal Spirit Guides (Animales que son guías espirituales)* de Steven Farmer, y le dije a Dottie:

—Steven a menudo dice que los patos nos recuerdan que debemos conectarnos con la familia. Los patos también nos ayudan cuando nuestras emociones son dispares y nos sentimos abrumados. Así que supongo que lo de los patos es un mensaje positivo, ¿de acuerdo?

Dottie no estaba de acuerdo. De hecho, creo que pensaba que yo lo estaba inventando todo, y aunque salió de mi oficina con una actitud afable, yo sabía que se sentía molesta. Yo estaba acostumbrada a ser el chivo expiatorio, después de todo, los mensajeros suelen serlo, incluso los mensajeros del más allá, pero mi propósito es que las personas que me consultan reciban mensajes y respuestas, y no que salgan de mi oficina con más preguntas.

La sensación de haber decepcionado a Dottie de alguna manera persistió durante el resto del día. Al salir, me eché encima la chaqueta ligera, agarré mi bolsa de mano y cuando iba a meter mi teléfono celular en la bolsa, noté que había un mensaje de voz. Lo escuché.

—Mmm, Kristy, soy Dottie. Solo quería decirte que lo de los patos sí tiene sentido.

Escuché que respiraba profundamente antes de continuar con su mensaje. Su voz era temblorosa y parecía que había estado llorando.

—Cuando salí de tu oficina, estaba molesta. Mamá nunca se comunicó muy bien, y no sé por qué esperaba que esto fuera diferente. Ya se me había hecho tarde para llegar al trabajo y me quedé atorada en el tráfico, pero sin saber por qué... De repente, dos autos delante de mí se detuvieron y como no entendía la razón, empecé a tocar el claxon; entonces pude ver qué estaba pasando. Una pata mamá y sus seis patitos estaban cruzando la calle. Seis patitos —repitió—. Gracias, Kristy, lamento haberme portado como una amargada y probablemente una grosera. Al parecer, mamá realmente quería que yo supiera que ella está cerca de mí. Así que voy a ejercitar mi paciencia... y voy a llamar a mis hermanos. De nuevo, gracias.

Sonreí al teléfono. Nuestros seres queridos no tienen cuerdas vocales como nosotros y yo a menudo describo mis interacciones con ellos como adivinanzas. Yo soy humana y a veces no entiendo completamente lo que ellos me señalan o me dicen; el mensaje podría perderse en la traducción. Pero la mamá de Dottie insistió en el tema de los patos y se trataba de un mensaje para el futuro, no sobre el pasado. En los mensajes del más allá, al igual que en los sueños que tenemos, se entretejen significados simbólicos y tenemos que encontrarles sentido aunque parezcan absurdos. A veces esto sucede rápido, a veces no.

Insectos

Estaba yo dirigiendo una sesión espiritista en un evento de Halloween cuando un joven llegó en espíritu y me pidió que le dijera a su mamá que le había mandado arañas. Yo podía sentir telarañas en la cara y algo que percibía como arañas caminando por mi brazo. Quería gritar, pero ya les había dado instrucciones a todos que debían mantener las yemas de los dedos sobre la mesa sin romper el círculo. Yo no quería ser quien lo rompiera, así que apreté los ojos esperando que nadie me viera en esa habitación a media luz.

Una mujer empezó a llorar y a reírse al mismo tiempo.

—Debe ser mi hijo. Dijo que cuando muriera me mandaría arañas para asustarme. ¡Y es lo que está haciendo! —exclamó—. Constantemente encuentro arañitas en la casa y antes de que Joshua muriera nunca había arañas. Sé que es él y que me está diciendo que está conmigo y al mismo tiempo me hace bromas.

Después de que murió el padre de mi esposo, empezó a ver libélulas, no solo volaban a su alrededor, sino que se posaban en él y no se iban hasta que las espantaba. Una tarde, la familia visitó un Festival Renacentista en la zona; íbamos caminando por un sendero sin pavimentar cuando nos detuvimos y miramos a Chuck. Cinco libélulas se habían posado en él simultáneamente y se acomodaron en sus brazos y en sus hombros. ¿Por qué razón? Solo era un saludo amistoso del cielo.

La gente a menudo me pregunta por qué sucede esto. La mayoría cree que seguramente se trata de un mensaje relacionado con una advertencia o con una fatalidad. Pero la mayoría de las veces solo es un saludo y nada más.

Recuerdos de libélulas

Jodi vino a verme solo una semana después de que su hija Abby había hecho su transición al más allá. Aunque normalmente les digo a las personas que me consultan que esperen un año antes de visitarme después de la muerte de un ser querido, Jodi ya tenía programada una cita para hablar con su padre, que había muerto cuando ella era joven. Cuando programó la cita, nunca, ni en un millón de años, habría pensado que estaría en mi oficina con la esperanza de hablar con su hijita.

—La gente siempre me está diciendo que la vida sigue su curso —exclamó—. ¿Pero cómo? Todavía extraño a mi papá después de todos estos años, ¿y cómo podré sanar las heridas de la pérdida de mi hija?

Yo no sabía qué responderle. Sabía, por las experiencias de personas que me habían consultado antes, que ella tenía razón. Tuvieron que estructurar una vida nueva sin sus hijos, pero las heridas nunca sanaron en realidad.

Me sorprendí cuando una niña muy bonita, de largo cabello castaño, luciendo un vestido de fiesta color de rosa, apareció en la oficina de la mano de su "pa" y con un muñeco de peluche bajo el brazo.

—Abby está aquí, Jodi —dije señalando—. Y viene con su abuelo, tu papá.

—Pero nunca se conocieron. ¿Cómo puede ser?

—En el más allá conocemos a nuestra familia, a nuestra gente. Dice tu papá que él le ayudó a cruzar después del accidente en el coche. También tiene un muñeco de peluche, pero no sé de qué animal se trata —Jodi se rio, con los ojos llenos de lágrimas—. Debe ser Hickory, el hipopótamo. Ella nunca iba a ningún lado sin él. Un día lo perdimos en el cine... —Jodi no pudo terminar—. No creo poder seguir, Kristy. Solo tengo imágenes y recuerdos, ¿qué pasará si se desvanecen? Me acosan en el día y sobre todo en la noche. Solo quiero estar con ella. Con ella y con mi papá.

—La vida no tiene que seguir; esa es una opción. Una opción que tú probablemente siempre tengas en cuenta, Jodi. Tu hora todavía no ha llegado. Yo no sé por qué tú no te fuiste y Abby sí. Ojalá tuviera yo esas respuestas.

—¿Por qué está llorando mi mami? —me preguntó Abby—. Yo todavía estoy aquí, solo es diferente.

Miré a Abby y asentí con la cabeza, yo sabía que aunque solo tenía cinco años en la Tierra, sus años en el cielo eran muchos más.

—Sé que es mucho pedir —comentó Jodi dudando por un momento—, ¿pero podrías acompañarme al cementerio? Está a la vuelta de la esquina.

Su petición me causó desconcierto. Podía ver a Abby de pie junto a mí y no estaba segura de lo que lograríamos con una visita al cementerio, pero Jodi insistía y yo estaba muy preocupada por su estado mental. Como ella era la única persona que tenía que atender ese día, estuve de acuerdo en ir. Le mandé un mensaje de texto a mi esposo para decirle que llegaría más tarde de lo esperado, añadiendo un breve resumen de la visita que estaría haciendo.

Seguí el minivan plateado de Jodi, que todavía tenía un asiento para niños en su interior, a una distancia aproximada de una milla; entramos por la reja del cementerio y llegamos a una zona conocida como Jardín de Corderos, donde había muchas hileras de sepulcros de niños. Antes de salir del vehículo, cerré los ojos y les pedí a mis guías que me acompañaran, que la decisión de venir al cementerio fuera lo mejor que podíamos hacer y que mis dones fueran tan claros como en la oficina. Yo no me sentía segura, al ver que estaba en un cementerio grande.

El césped todavía estaba húmedo por el rocío de la mañana, aunque el sol había estado brillando durante varias horas. Jodi se sentó en el césped junto a la tumba de Abby. Tomé mi chaqueta, la extendí en el suelo y me senté junto a ella.

—Debí llevar ese coche —murmuró Jodi, señalando el minivan—. El otro coche no tenía asiento para niños y tal vez eso la habría salvado.

Jodi se recostó en el césped. Un poco de tierra suelta le manchó la mejilla cuando sus lágrimas humedecieron la tierra formando lodo. Su vestido de algodón estampado no la protegía del viento que soplaba suavemente a nuestro alrededor, y ella empezó a temblar mientras sacaba una botella que estaba en lo profundo de su bolsa. Sin sentarse, Jodi contó unos trocitos de algo. Catorce en total, confirmó. Los puso de nuevo en la botella y cerró la tapa.

—Abby, si pudieras ayudarme y ayudar a tu mamá en este momento, realmente te lo agradecería —le dije; no estaba segura de lo que tenía que hacer o decir.

¿Le ayudaría a Jodi si la abrazara? ¿Sería útil llamar a una amiga mía que es terapeuta? No sabía qué hacer, así que le pedí una señal a Abby.

Un movimiento nos sorprendió, y en el momento en que la criatura con alas se posó en la mejilla húmeda de Jodi, cerca de su nariz, pude ver a Abby que se presentaba en espíritu. La libélula nos contempló por un segundo, como para decirnos que no debíamos estar ahí, y luego se alejó volando. Su color azul era como el azul de los ojos de Abby. En lugar de sentir consuelo al ver la libélula divina, Jodi sollozaba sin parar abrazando la lápida de mármol gris en la que se leía el nombre de Abby: Abby Grace, cinco años se edad.

Con la misma velocidad con que la libélula se había ido, volvió a aparecer frente a Jodi. Fue un momento de serenidad y Jodi miró el brillo del sol a través de sus alas transparentes y en los colores de su cuerpo, que eran más brillantes que unos segundos antes.

—He estado pidiendo una señal, Kristy, algún tipo de señal, y no he recibido nada. ¿Es esta una señal o solo una coincidencia loca?

A menudo me siento frustrada cuando señales tan elocuentes como esta se hacen a un lado y no se toman en cuenta. "No existen las coincidencias, Jodi. ¡Claro que esta es una señal!". Antes de que yo pudiera terminar la frase, la libélula voló a la mano de Jodi y sin dudarlo subió por su dedo índice; luego agitó las alas antes de volar hacia el árbol cuyas ramas se extendían sobre el cementerio.

—Dice Abby que tú tienes su dulce —murmuré.

Jodi asintió, se incorporó lentamente y se sentó. Sacó de nuevo la botella de su bolsa y la abrió. Vació su contenido en su mano, y colocó sobre la lápida de Abby, uno por uno, los M&M's de todos colores; eran los dulces favoritos de Abby.

—Íbamos a conseguirlos muy rápido. Ella se había portado muy bien en el colegio y se lo prometí. Solo quería cumplir mi promesa —dijo Jodi abrazándome.

—La cumpliste —le dije abrazándola y acariciándole el cabello—. La cumpliste —repetí.

Abby se puso frente a nosotros, como lo había hecho en la oficina.

—Dile a mi mamá que le voy a mandar a mi hermanita. Va a tener ojos azules como los míos, ¡y espero que la llame M&M! —dijo Abby riéndose y le acarició el cabello a su mamá como yo lo estaba haciendo, mientras le transmitía su mensaje suavemente.

Jodi me miró y se enjugó las lágrimas.

—Nadie lo sabe, Kristy, pero estoy embarazada. ¡Todavía no se lo he dicho a John!".

Ocho meses después recibí una tarjeta, adornada con libélulas, anunciando el nacimiento de la niña.

Jodi y John tienen el orgullo de anunciar el nacimiento de su hija Emilia Madison. Adentro había una nota personal en la que me decía que todavía veía libélulas. Añadió que aunque ella sabía que Emilia no era Abby, sentía que Em había sido tocada por el cielo y que siempre sabría que Abby era su hermana mayor.

Palomas torcazas

Debi creció con una relación muy cercana con sus abuelos maternos, Eileen y Bob. Siempre estaba con ellos. Vivían en la misma ciudad, tenían una cabaña donde ella pasaba todos los fines de semana, y durante dos breves temporadas los abuelos vivieron con ellos. Nunca se perdían un evento: Primeras Comuniones, conciertos de la banda, comidas de cumpleaños y despedidas de soltera. Siempre eran los primeros en llegar cuando nacía un bebé..., siempre estaban presentes; eran los "abuelos" por excelencia.

Al avanzar en edad, vivieron cerca de los padres de Debi, quienes les ayudaban con sus necesidades diarias. El abuelo de Debi murió en 1998 y su abuela, Eileen, trató de vivir sola y lo hizo por un tiempo, hasta que tuvo que someterse a una cirugía de espalda. Como su recuperación sería larga, ella y los padres de Debi decidieron que lo mejor sería que vendiera su departamento y se mudara con ellos.

Los padres de Debi tenían una cocina grande en su casa, que estaba cerca del centro de Romeo, Michigan. En el lado este de la cocina había un ventanal enorme que ofrecía una vista extraordinaria estando ellos sentados a la mesa. Los padres y la abuela de Debi pasaban mucho tiempo ahí, pues era un lugar muy abierto y bien ventilado. Poco después de que la abuela se mudara con ellos, apareció una paloma torcaza que se pasaba los días en un cable desde donde podía ver al interior de esa ventana de la cocina. La abuela le dio el nombre de Bob, en memoria del abuelo de Debi.

Bob se ponía en el cable todos los días, frente a la casa, y miraba al interior de la cocina. La abuela, por su parte, también miraba a Bob y era muy reconfortante para ella saber que la paloma estaba cerca.

La abuela de Debi murió el 18 de diciembre de 2005. El día 21 de diciembre, cuando la sepultaron, hubo una fuerte nevada. Las calles estaban resbalosas y la procesión del funeral tuvo que desviarse (a petición de Debi) para evitar una colina resbalosa dentro del cementerio. Como Debi estaba dirigiendo el tráfico en la entrada principal del cementerio, literalmente tuvo que correr a la parte de atrás cuando entró el último auto, para no perderse el ritual del funeral. Corrió con todas sus fuerzas por las calles resbalosas del cementerio para llegar al lugar donde sepultarían a su abuela, al lado de su abuelo.

De la nada, un coche se acercó a ella. Nunca lo vio venir; tampoco lo escuchó acercarse. Parecía que hubiera llegado por "arte de magia". El conductor dijo que era de la funeraria que estaba frente al cementerio y que había visto que ella estaba dirigiendo el tráfico. Aunque era una ciudad pequeña, ella no lo reconoció, pero de todos modos se subió a su coche. El hombre llevó a Debi a la parte de atrás del cementerio, sin decir nada, y la dejó en el lugar justo cuando el ritual estaba comenzando. Ella entró en silencio al área techada donde estaba el resto de la familia.

Kathy, una buena amiga de Debi, y su hija Melissa, estaban fuera del área techada, soportando el mal clima, con tal de estar en el funeral de la abuela de Debi. Kathy y Melissa le dijeron que, justo cuando el sacerdote había terminado con la bendición final, un ave voló sobre ellas cantando tan fuerte como si fuera un día de primavera. Dijeron que el ave había volado tan bajo que habían tenido que agacharse. Se miraron asombradas, pues era increíble que una paloma torcaza saliera con un clima tan terrible, en especial en el crudo invierno de Michigan.

Poco después del funeral de la abuela, empezaron a florecer pensamientos color lila cerca de la puerta de la casa de los padres de Debi. Aparecieron entre la nieve y florecieron como si el invierno no existiera. Los pensamientos eran las flores favoritas de la abuela de Debi.

Nunca volvieron a ver a la paloma Bob después de la muerte de la abuela. Pero a partir de entonces, de vez en cuando en el verano, una pareja de palomas torcazas se posan en el cable afuera de la ventana de la cocina de la casa de los padres de Debi. Y los pensamientos, a veces color lila y a veces amarillos, siguen llenado el macizo de flores año tras año, donde Bob y Eileen pueden sentarse a disfrutarlos mientras los padres de Debi se encargan de cuidarlos.

El pájaro azul

—¿Cómo sé que ella me escucha?

—Ah, te escucha —le aseguré a la jovencita morena que estaba sentada sobre sus piernas. Su madre, en espíritu, se acercó a la silla y se sentó a su lado, colocando su mano sobre el hombro de su hija.

Por un momento el aire se tornó frío.

Brianna tomó un pañuelo desechable, ocultó sus ojos de mí y comenzó a llorar.

Su mamá me hizo una seña como pidiéndome que hiciera algo, así que me senté donde había estado su mamá y la abracé mientras ella seguía llorando.

—No le dije que la quería, fui una chica terrible. No le dije que la quería —repitió.

Su mamá me dijo que eso era verdad, Brianna había sido una chica terrible; luego se rio y dijo que eso era porque Bri era muy voluntariosa y muy independiente desde que nació. Su mamá se puso melancólica y pude ver que los recuerdos surgían entre ellas dos.

—Bri, tu mamá dice que siempre supo que tú la querías, en las buenas y en las malas. Dice que deberías sentirte peor por haberte robado su coche una noche solo porque un muchacho te dijo que lo hicieras.

Brianna soltó una carcajada.

—¿Te dijo eso?

Yo asentí.

—¿Sabe ella que tuve una bebé? —preguntó Brianna apretando el pañuelo desechable.

—¿Y que se llama como tu mamá? Sí, lo sabe —le dije sonriendo para darle seguridad.

—¿Sabe que no puedo conservar mis relaciones? Siento que soy un fracaso.

—Nadie cree que seas un fracaso. Simplemente te involucras con un tipo inadecuado de hombres. Y todo empezó con el problema del coche —repetí y le sonreí a su mamá; estaba consciente de que ella estaba tratando de mantener las cosas ligeras.

—¿Dónde está ella? —dijo Brianna mirando a su alrededor, como si estuviera tratando de ver lo que yo veía.

—Justo detrás de ti, Bri, pero solo está a la distancia de un susurro. Me está mostrando un pajarito azul.

Brianna me miró con curiosidad.

—No creo haber visto un pájaro azul antes. Mmm, me preguntó qué significa eso.

Me encogí de hombros.

—No lo sé, pero es importante. ¿Qué vas a hacer dentro de dos semanas?

—Voy a viajar en un crucero, algo que realmente necesito hacer —dijo Brianna sonriendo.

—Excelente, creo que el pájaro azul tiene algo que ver con eso.

—Bueno, no estoy segura —respondió Brianna con escepticismo. Pero tres semanas después recibí una llamada telefónica de Brianna en la que me dijo, muy emocionada, que lo del pájaro azul tenía sentido.

—Kristy, no me lo vas a creer. Nuestro barco estaba teniendo problemas y tuvieron que cambiarnos a otro.

¿Sabes cómo se llamaba? ¡El pájaro azul! Y todo en él se centraba en ese tema, desde la decoración hasta las bebidas de la noche. Sentí que mi mamá estaba cerca de mí todo el tiempo. ¡Fue muy especial!

Con mucha frecuencia buscamos un objeto físico que capte nuestra atención con toda claridad, pero si un ser querido dice que te va a mandar mariposas, tal vez no te mande una mariposa física sino una nota en la que aparezca una mariposa, o un poema que alguien comparte contigo y que habla de una mariposa. Brianna recibió su pájaro azul con mucha claridad, pero no siempre es así.

El caballo pardo

Mi esposo, Chuck, estaba trabajando en Michigan como gerente de un almacén de ventas al menudeo cuando le pidieron que fuera a Kansas City para capacitarse en el manejo de un nuevo sistema operativo. Se sintió mal de tener que estar lejos de sus dos hijos pequeños, pero su divorcio reciente le había afectado mucho y el cambio de entorno le haría bien. Consideró que era una bendición, aunque solo se iría a Kansas.

Joe, el tío de Chuck, era el esposo de su tía y no era un pariente de sangre, pero eso no era importante, ya que el tío Joe había sido como un padre para Chuck, incluso más que su propio padre. Joe era un hombre alto, corpulento, con una honorable herencia irlandesa; era un gigante bondadoso... si no lo hacían enojar... y eso era ante todo cuando había estado bebiendo ginebra. Joe McCusker era lo que muchas personas consideran un buen hombre; su sabiduría y su amplia sonrisa tocaban la vida de personas que eran completamente extrañas para él. Era un hombre sobre el que se crearon leyendas, y sus compañeros de trabajo y los miembros de su familia a menudo hablaban de lo grande que eran sus manos y de cómo les ayudaba en su trabajo en la Ford Motor Company, pues podía sostener en sus manos más cosas que un hombre común. Pero esto no era una leyenda, era verdad. Joe nunca habría lastimado a nadie.

Joe murió solo dos meses después de que se le diagnosticó cáncer: aunque parezca irónico, murió en su día festivo favorito: el 17 de marzo, día de San Patricio.

El tío Joe había sido una figura paterna para Chuck durante sus años formativos y el dolor por la muerte de su tío persistió durante su vida adulta. Chuck visitaba con frecuencia la tumba de Joe, tomaba un trago de su cerveza favorita y derramaba el resto en la tumba, dejando ahí la lata como una muestra de cariño.

Varias veces al año llevo a cabo sesiones espiritistas. Aunque el término "sesión espiritista" parece sombrío y aterrador, no hay mucha diferencia entre mis sesiones espiritistas y las lecturas de galería, excepto que en las sesiones les pido a tres personas que se sienten alrededor de una mesa y hagan lo que se conoce como "levantar una mesa (*table tipping*)".

Levantar una mesa es un aspecto físico de la tarea de un médium que data del siglo XIX cuando lo usaron las

Hermanas Fox como un medio para comunicarse con el más allá. Permite que los participantes vean o perciban la comunicación, ya que la mesa puede moverse, rotar, vibrar e incluso en ocasiones levitar. Aunque yo trato de recibir mensajes para las personas que están alrededor de la mesa, también recibo mensajes de los seres queridos de las personas que están en la audiencia.

En las sesiones espiritistas, un médium de voz directa, un médium físico, o un médium que tiene trances, posee la habilidad de permitir que los seres del más allá usen su laringe o aparato de fonación para comunicarse, de manera muy similar a lo que hacía Whoopi Goldberg en la película *Ghost*. Las facciones pueden cambiar y la voz del médium puede cambiar y ser como la de la persona fallecida. Yo he estado presente en diversos tipos de sesiones espiritistas, y para ser honesta, es difícil presenciarlas. Con frecuencia los miembros de la familia se sienten confusos y emocionados a la vez, y después de la sesión el médium está agotado. No necesito aclarar que yo no soy una médium de voz directa ni una médium que tiene trances. Aunque me ha pasado antes, siento que pierdo el control de mí misma y prefiero transmitir la información y no ser la información.

Muchas veces, también se manifiestan miembros de mi familia y seres queridos de Chuck, pero a menudo los hago a un lado para dar mensajes a las personas que pagaron por la sesión. Los espíritus no entienden eso. Y fue en una de esas sesiones que se presentó el espíritu de un hombre, dijo que su nombre era Joe y mostró su cuerpo físico en la Tierra; era un hombre muy alto. Tomando en cuenta lo que Chuck me había contado, tuve la sensación de que se trataba de su tío Joe, pero yo no lo había conocido en esta vida ni había tenido una visita suya desde el más allá.

—Dile que te estoy mostrando un trébol de cuatro hojas —dijo Joe para identificarse.

—Sí —pude ver que Chuck asentía con la cabeza a la luz de las velas que iluminaban la sala.

—Dile que le traje el caballo pardo para mostrarle que siempre estoy con él.

—Él mencionó un caballo, Chuck. Y dice que te trajo el caballo pardo para mostrarte que te protege —repetí.

—¡El caballo! —exclamó Chuck—. ¡Wow, a menudo me he preguntado quién era y qué significaba!

Los abuelos paternos de Chuck eran de Bolckow, Misuri, un poblado pequeño a una hora al norte de Kansas City, cerca de los límites con el estado de Nebraska, y con una población de poco más de cien personas. Entonces, cuando Chuck estaba trabajando en Kansas City, decidió explorar sus raíces y encontrar el cementerio del pueblo para ofrecer sus respetos a sus antepasados.

El cementerio estaba en la planicie de una carretera estatal, en un territorio plano. Un señalamiento de hierro forjado indicaba que era el *Cementerio Bautista de Bolckow*. Mientras caminaba entre las tumbas, reconoció muchos nombres que sus abuelos habían mencionado. Cuando decidió regresar a su coche, escuchó relinchar a un caballo. Levantó la vista y vio una casa al otro lado de la calle donde había varios caballos pastando. Pero le llamó la atención un caballo pardo que se detuvo ahí viéndolo y moviendo la cabeza como si lo estuviera llamando. Así que Chuck hizo lo que el caballo le pedía y cruzó la calle, pensando que seguramente estaba loco al seguir las instrucciones de un caballo; también esperaba que el dueño del caballo no se presentara con un rifle pensado que Chuck tenía intenciones de robarse uno de sus caballos. Pero corrió el riesgo porque sintió una atracción que solo podía explicarse como divina.

Chuck le preguntó al caballo si se conocían y el caballo asintió con la cabeza y relinchó respondiendo a su pregunta. Así que lo único que pudo hacer Chuck fue reírse, pues no podía creerlo. Se acercó y acarició afectuosamente al enorme animal y le preguntó si podía tomarle una foto; el caballo asintió de nuevo y literalmente posó mientras Chuck sacaba su cámara de la bolsa de la chaqueta y tomaba la foto. No sabía por qué, pero este caballo le tocó el corazón.

Ningún otro caballo se acercó a la cerca de madera excepto este y después de mucho cavilar, Chuck decidió que el miedo de que el dueño del caballo lo persiguiera por el camino de terracería apuntándole con un rifle no podía superar el asombro que le causó la interacción con este animal. Se despidió de él y siguió su camino;

sin embargo, muchos años después seguía pesando en ese enorme y musculoso caballo pardo y contemplaba la foto que le tomó en Bolckow, Missouri. La respuesta sobre la persona que estaba detrás de esto y la razón de esta experiencia, llegó después de diez años, cuando el tío Joe se manifestó en esa sesión espiritista.

—Dile que recuerde siempre a este caballo —insistió Joe.

Uno podría pensar que la energía que mostró este caballo provenía de uno de los parientes directos de Chuck, o tal vez de una de las personas sepultadas en el cementerio que Chuck acababa de visitar, pero Chuck no se sorprendió ni dudó al respecto. Por el contrario, sitió que su tío Joe era como un miembro de la familia a pesar de no tener lazos de sangre con él. Joe le demostró que siempre lo protegería y estaría con él, sin importar el lugar ni la distancia entre la vida y la muerte.

Una mascota muy querida

Doug se sitió tan consternado por la muerte de su padre que lo único que podía hacer era mantenerse ocupado trabajando en el patio de la casa de sus padres.

Doug sabía que era afortunado, pues a pesar de tener 62 años de edad, todavía sus padres estaban vivos. Su papá ni siquiera estaba enfermo y Doug pensaba que no estaba preparado para morir. ¿Quién podría estar preparado para morir?, se preguntaba.

Recorrió con la vista la zona donde se encontraba la casa de retiro de sus padres. Estaba al norte de Michigan, en un poblado llamado Kalkaska, y aunque los centros turísticos no estaban lejos, esta zona era un pedazo de cielo. Los vecinos estaban a kilómetros de distancia, había acres y más acres de pinos y colinas cubiertas de verdor; en sus terrenos también había un pequeño lago. La casa no tenía nada especial; era solo una casa modular que sus padres habían comprado cuando su papá se jubiló de su trabajo en Chrysler. Era una casa sencilla pero perfecta, y todos los niños disfrutaban el trayecto de aproximadamente tres horas para visitar a los abuelos una vez al mes. No solo les gustaba la serenidad del entorno, sino la compañía de los abuelos, pues los padres de Doug eran maravillosos.

Sus padres eran originarios de Rusia. Anna y Niko atesoraban cada centavo que ganaban, y aunque eran generosos con sus hijos y sus nietos, vivían con austeridad, pero felices, sin lamentaciones. Lo único que disfrutaban al máximo, además de sus hijos, era su adorada mascota, un perrito llamado Sadie.

Sadie era un Beagle, y Anna y Niko lo consentían tanto que sus hijos bromeaban diciendo que a ellos nunca los habían consentido así, y probablemente era verdad. Sadie había muerto hacía un año de cáncer estomacal, y Doug notó que a partir de entonces la personalidad relajada de sus padres y sus sonrisas ya no eran tan profundas. Se vio tentado a regalarles un cachorro, pero sus padres insistían en que ya eran demasiado viejos para empezar a educar a otro perro. El padre de Doug murió un año después de la muerte de Sadie. Doug estaba tratado de consolar a su mamá por la muerte de su alma gemela, mientras él también sentía que se estaba haciendo pedazos. Lo único que podía hacer para mantenerse estable era trabajar con el tractor de su papá.

—Doug, ¿por qué no entras y te comes un sándwich? —le dijo Barb, su esposa, desde la puerta de tela metálica.

Doug sacudió la cabeza y siguió trabajando con el tractor John Deere. Barb suspiró y se alejó de la puerta. Entendía a su esposo. Ella también había perdido a sus padres en años recientes.

Tal vez un paseo por el bosque me ayudaría, pensó Doug. "Voy a ver cómo está la zona de los venados", le gritó a su esposa. Vio que su mamá estaba dormida en el sillón favorito de su padre, envuelta en una cobija. Él sacudió la cabeza y pensó que la vida era injusta, y luego se arrepintió de haberlo pensado. Debería estar feliz por el tiempo que había tenido a su padre; era más que el tiempo que habían tenido la mayoría de sus amigos.

Normalmente se tranquilizaba recorriendo las veredas, pero ahora estaba deprimido y lleno de dolor. Todo le recordaba a su padre. Y además estaban las preguntas sobre lo que debía hacer con su mamá. No podía dejarla en un lugar que estaba a más de tres horas de donde él vivía, pero sabía que sería muy difícil convencerla de volver a vivir en la ciudad. Simplemente no sabía qué hacer.

La zona donde él y su padre solían ir de cacería estaba a menos de un kilómetro. Nunca cazaron gran cosa. Él siempre creyó que era una forma de que su papá se alejara un poco de su mamá, y tal vez gozara de cierta tranquilidad. Recordar sus conversaciones no fue reconfortante, solo hizo que se le llenaran los ojos de lágrimas. Doug se sentó en el suelo frente al árbol desde donde solían cazar y comenzó a sollozar en forma incontrolable. No le importó que el suelo estuviera un poco lodoso debido a las lluvias recientes y que sus pantalones se estuvieran ensuciando. En ese momento no le importaba nada, pero un sonido entre la maleza captó su atención.

Doug se quedó sentado esperando; tal vez era un venado buscado algo de comer. En lugar de un venado o una ardilla, que era la fauna silvestre típica de la zona, salió de la maleza un cachorrito Beagle. Doug lo miró fijamente por un momento y luego lo llamó con voz suave; el perrito parecía feliz de ver a un ser humano. Se acercó corriendo y se echó en el regazo de Doug. Doug se rio y miró alrededor buscando al dueño del Beagle, pero después de quince minutos se dio cuenta de que nadie vendría a buscarlo.

—¿Estás perdido, perrito? —le preguntó, acariciando la cabecita café y blanca del perrito. Sacó de su bolsillo un trocito de cecina y se lo comió de inmediato, como si no hubiera comido por mucho tiempo.

Doug pensó que esto no tenía sentido. Había muy pocos vecinos y todo el mundo se enteraba de las actividades de los demás; nadie de por ahí había adquirido un cachorro últimamente. Doug no podía dejarlo en el bosque, así que lo tomó en sus brazos y se lo llevó a la casa de sus padres.

—¡Doug! ¿Qué traes ahí? —preguntó su esposa cuando entró a la casa con el cachorro.

—Lo encontré en el bosque. Probablemente se perdió. Iré al pueblo en el coche para preguntar si alguien lo está buscando.

—¿Doug? —dijo su mamá al entrar a la sala; notó el bultito peludo que traía en los brazos. El cachorro se había quedado dormido y Doug se lo dio a su mamá. Ella se sentó en el sillón de su papá y acarició la cabeza del cachorro.

—¿Mamá?

—Papá lo mandó, Doug. ¿No lo ves?

—No le pongas nombre —advirtió Doug—. ¡Seguramente tiene dueño!

Después de una ducha caliente, Doug fue rápidamente el pueblo y al albergue de mascotas, pero nadie sabía de un Beagle cachorro que se hubiera perdido.

—Parece que es todo tuyo, Doug —le dijo Chip, el camarero, cuando Doug se detuvo a tomar una cerveza—. Apuesto que Niko te lo mandó.

Doug sonrió satisfecho:

—Eso es lo que dijo mi mamá.

—¿Y tú no lo crees? Después de la muerte de mi madre, una ardilla estuvo tratando de entrar a la casa. Fue algo muy extraño. Cuando finalmente reconocí que mamá la había mandado, la condenada ardilla dejó de molestar.

De regreso a casa, Doug hizo algo que nunca antes había hecho. Apagó la radio y empezó a hablar con su papá hasta que ya no pudo seguir conduciendo. Las lágrimas nublaban su vista, así que se estacionó.

—Papá, te voy a extrañar. ¿Cómo podría yo seguir adelante sin ti? ¿Qué se supone que tengo que hacer ahora? —dijo Doug llorando. Sabía que no recibiría una respuesta, pero el dolor fluía de él por todos los poros—. Y ahora este perro. Papá, tengo que hacerme cargo de mamá ¿y además de un cachorro? ¿Realmente nos lo mandaste tú?

Justo cuando hacía esta última pregunta, sonó su teléfono. Vio el número, sonrió y recibió su respuesta. En la pantalla decía: "Llamada de papá".

—Ya voy camino a casa, mamá —dijo al teléfono.

Nadie llamó jamás preguntando por el cachorro. Su mamá lo llamó Nicky en honor a su esposo, y ellos sabían por qué. El cachorro era un regalo del cielo.

Capítulo siete

La electrónica y las llamadas telefónicas

Es común que se presenten disturbios electrónicos cuando se acerca un ser querido que está en el más allá. Las radios, televisiones, teléfonos celulares y prácticamente cualquier aparato electrónico pueden encenderse, apagarse o funcionar mal. En ocasiones el más allá puede usar estos aparatos como un medio de comunicación con los seres queridos.

A ti más

Cincuenta años después de terminar la preparatoria, Carolyn y Andrew, que habían sido novios en ese entonces, se volvieron a encontrar en un restaurante. Fue como amor a primera vista una vez más. Ambos habían estado casados y se habían divorciado, y aunque la relación progresó y llegó a formalizarse, decidieron vivir en forma independiente sin llegar a un matrimonio tradicional. Ambos tenían hijos adultos y se habían jubilado de buenos puestos, pero extrañaban la compañía. Todos los que los veían juntos comentaban que su relación era muy romántica, y Carolyn y Andrew estaban de acuerdo. Estaban locamente enamorados.

A Carolyn le encantaba la personalidad extrovertida de Andrew. Sin importar a dónde fueran, parecía que alguien conocía a Andrew y siempre tenía algo agradable qué decir. Compartían intereses y llegaron a ser inseparables; desayunaban juntos todas las mañanas y casi siempre cenaban juntos. Cuando Andrew no se presentó a la cita que tenían para desayunar en el comedor local, Carolyn se preocupó. Andrew nunca faltaba a una cita. Era tan confiable como el amanecer y el atardecer y esa era una de las cualidades de Andrew que atraían a Carolyn, ya que no había sido una característica que ella hubiera tenido en su matrimonio.

Habían salido con unos amigos la noche anterior; él la llevó a su casa y le dio un beso en la mejilla. Normalmente charlaban un rato antes de irse a dormir, pero ella estaba cansada y le dijo que dejara sonar el teléfono dos veces para que ella supiera que había llegado bien a casa. Cuando ella escuchó el teléfono, se fue a la cama y durmió pacíficamente.

Carolyn siempre se sentía emocionada cuando veía a Andrew; ese día se puso su blusa azul favorita y unos pantalones blancos de lino y se dirigió a su lugar preferido para desayunar juntos, exactamente a las siete de la mañana. Pero ya habían pasado cuarenta y cinco minutos y Carolyn le preguntó a la mesera si podía usar su teléfono.

Después de marcar el número de Andrew y no recibir respuesta, ella supo que algo estaba mal y llamó a Paul, el hijo de Andrew; él vivía a pocas calles de la casa de su papá y al escuchar la urgencia con que llamaba Carolyn, supo que necesitaba correr a ver cómo estaba su papá. Carolyn le dio las gracias a la mesera, subió a su coche y se dirigió a la casa de Andrew. Tal vez se había caído y no podía llegar el teléfono. *Es probable que se haya tropezado con las pilas de libros que tiene en su habitación,* pensó Carolyn. Seguramente eso era lo que había pasado. Le había dicho una y otra vez que necesitaba poner orden en su casa.

Cuando llegó a la casa, no solo el coche de Paul estaba estacionado detrás del coche de Andrew; también había una patrulla policiaca y una ambulancia... entonces Carolyn supo que había sido algo más grave que un tropezón y una caída.

Era obvio que lo que había hecho que Carolyn se enamorara de Andrew también había impactado a otras personas. Ella nunca antes había visto tanta gente en un funeral. Se determinó que la causa de su muerte había sido un ataque cardiaco. Su teléfono celular estaba sobre su estómago y estaba apagado; cuando lo encendieron, el número de Carolyn apareció en la pantalla. No creían que hubiera llamado para pedir ayuda, tomando en cuenta la posición en que estaba su cuerpo. El informe del forense explicaba que posiblemente Andrew solo se quedó dormido y nunca despertó. Carolyn se tranquilizó al pensar que no había sufrido, pero también se preguntaba por qué tenía el teléfono consigo. Normalmente lo dejaba cargando durante la noche. Ese era un misterio que la desconcertaba. Una amiga le dijo: "Bueno, tal vez estaba pensando en ti". Otra le dijo: "Tal vez olvidó decirte algo y luego simplemente se quedó dormido". Pero ella nunca lo sabría con certeza.

Carolyn no sabía cómo vivir su duelo. Técnicamente no era su viuda, pues no había un acta de matrimonio ni una póliza de seguro de vida. Ninguna de estas cosas eran importantes para Carolyn, pero se quedó sin nada que la vinculara a Andrew. No tenía sus cenizas, no tenía su apellido, ni siquiera tenía una prenda de vestir de Andrew. Sus hijos se lo llevaron todo y cuando ella pidió un recuerdo de él, sus hijos no la tomaron en cuenta. Carolyn y Andrew no eran materialistas y nunca intercambiaron regalos en Navidad. Lo importante era el tiempo que pasaban juntos; la semana después del funeral de Andrew, Carolyn habría dado cualquier cosa para acurrucarse con una cobija, una camisa, o algo que fuera de Andrew. Lo único que tenía eran fotos y recuerdos.

Siete días después del funeral de Andrew, Carolyn estaba sentada en su mecedora mirando por la ventana de su patio a la pequeña hortaliza. Era junio y el sol de verano jugaba con los adornos transparentes y en la alfombra se veían los colores del arcoíris. Ella estaba perdida en sus pensamientos cuando sonó el teléfono. Vio el identificador de llamadas y decía que era un número restringido; de todos modos contestó.

—Hola —dijo; su voz un poquito débil pues no había dormido bien la semana anterior. Al principio nadie dijo nada y ella pensó que la línea estaba mal, pero cuando iba a colgar el teléfono, escuchó un sonido en el otro extremo, y luego una voz.

—Carrie, soy yo, Andy.

Una broma cruel, pensó Carolyn. ¿Cómo podría alguien ser tan inhumano para hacerse pasar por Andrew?

—¿Quién habla? —exigió.

La voz de hombre respondió solo con tres palabras que hicieron que supiera que había recibido una llamada del cielo.

—A ti más —y luego el teléfono se quedó en silencio.

Ella sostuvo el teléfono cerca de su oído con la esperanza de recibir otro mensaje, pero no escuchó nada más. Luego se escuchó la grabación advirtiendo que tenía que colgar el teléfono.

Carolyn y Andrew nunca decían "te amo"; pensaban que era una tontería. En lugar de eso, terminaban sus conversaciones telefónicas de la noche con "a ti más" y eso era algo que nadie más sabía.

Esa fue la señal más reconfortante y era toda suya. Tenía miedo de hablarle a alguien de eso, pues podrían pensar que estaba empezando a sufrir de demencia senil. A lo largo de ese año, después de la llamada de Andrew, el teléfono sonaba una o dos veces varias noches a la semana. No había nadie al otro lado de la línea y siempre eran llamadas de un número restringido. Ella llamó a la compañía telefónica, con la esperanza de que en realidad no hubiera una explicación y que se tratara de algo sobrenatural; no hubo ninguna explicación. No sabían de dónde venían esas llamadas. Eso le dio paz.

Un año después de la muerte de Andrew, ella tuvo que someterse a un procedimiento médico y fue necesario que su hija Paula se quedara varias noches con ella. La primera noche, Paula se acomodó en el diván. Se sentaron juntas y estaban viendo un programa musical cuando sonó el teléfono.

—Son las nueve de la noche —comentó Paula mientras tomaba el teléfono. Antes de que Carolyn pudiera decirle a su hija que no contestara, ella ya había contestado: "Hola".

Carolyn vio cómo Paula palidecía.

—¿Quién habla? —exigió Paula.

Carolyn le quitó el teléfono y lo bajó para ponerlo en su lugar sin escuchar.

—¿Qué tenía que decir Andrew esta noche?

Los ojos de Paula mostraban asombro mientras ella sacudía la cabeza y decía:

—El hombre —dijo Paula casi sin poder respirar—, Andrew dijo "cuida a tu mamá", ¿pero cómo?

Carolyn se encogió de hombros y siguió viendo su programa, ignorando a Paula.

—Mamá, ¿desde cuándo te ha estado hablando esta persona?

Carolyn apagó la televisión.

—Esta persona es Andrew, y me ha estado llamando desde una semana después de su funeral. No lo hace todo el tiempo; casi siempre habla en la noche y solo deja que suene el teléfono. A veces llama de día, respondo y lo escucho respirar. No sé cómo, pero es Andrew. En una ocasión lo escuché reír y fue muy reconfortante para mí. Ese es el final de la historia. Sé que crees que estoy loca...

—Yo no creo que estés loca —dijo Paula suspirando. No lo creía, pero el mensaje que había escuchado era como un mal presentimiento.

—Estoy muy cansada —se quejó Carolyn—. Creo que ya me voy a acostar.

Paula asintió y le ayudó a su mamá a irse a su cuarto.

—¿Quieres que duerma aquí contigo?

—No digas tonterías, estoy bien.

Carolyn era una mujer terca, siempre lo había sido. Paula y su mamá se llevaban de maravilla cuando no estaban discutiendo, lo que era raro. Al paso de los años,

Paula entendió que eran demasiado parecidas por su propio bien.

A la mañana siguiente, Paula se levantó y se asomó a la habitación de su mamá y vio que todavía estaba en la cama; eso la hizo entrar en pánico. Carolyn se levantaba a las cinco de la mañana y ya eran casi las ocho. Cuando Paula entró a la habitación, se dio cuenta que Carolyn había muerto durante la noche. La advertencia de la noche anterior hizo que Paula se sintiera desolada, pues no podía creer que no la hubiera tomado en serio.

Se determinó que la causa de la muerte de Carolyn había sido un coágulo que se produjo durante la cirugía a la que se había sometido recientemente. Pocos días después del funeral de su madre, empezaron a llegar llamadas a la casa de Paula. El teléfono solo sonaba una vez y luego... nada. A pesar de lo triste que estaba, sabía que ahora su mamá estaba con su novio de la preparatoria y que estaría con él siempre; probablemente estaban demasiado ocupados y Carolyn solo tenía tiempo de dejar sonar el teléfono una vez, pues la estaba pasando de maravilla con su novio en el cielo.

En retrospectiva

Addison Logan, un chico de trece años de edad, de Wichita, Kansas, y su abuela Lois pasaron la tarde de un jueves recorriendo varias ventas de garaje. Addison decidió comprar una cámara Polaroid antigua que costaba un dólar; pero esta cámara se convirtió en un impacto sobrenatural cuando llegaron a casa. Dentro de la cámara había una foto de Scott, tío de Addison e hijo de Lois, que había muerto en un accidente automovilístico hacía 23 años. Lois regresó a la venta de garaje, pero el hombre que estaba vendiendo esos artículos no recordaba dónde había conseguido la cámara. Cuando se repusieron de la sorpresa, Lois y su familia decidió tomar esto como una señal del cielo y de Scott, para decirles que estaba bien.

En noviembre de 2011, Tim Art recibió un correo electrónico de su mejor amigo de la infancia, Jack Froese. No era sorprendente, ya que los amigos a menudo se mandan correos electrónicos, pero el problema era que Jack había muerto en junio de 2011 debido a un problema cardiaco. El asunto del correo electrónico era: "Estoy vigilando". El mensaje decía: "¿Me escuchaste? Estoy en tu casa. ¡¡¡Limpia tu... ático!!!". Froese siempre le hacía bromas pesadas a Art sobre el desorden que tenía en el ático. Poco después, otro amigo recibió otro correo electrónico de Froese advirtiéndole de una lesión en el tobillo que sufrió varios días después. En lugar de sentir miedo, los amigos y la familia de Jack Froese aseguraban que los correos electrónicos eran un regalo del cielo.

Era una agradable tarde de otoño cuando Cindy miró por la ventana de su oficina deseando estar en cualquier otro lugar y no en el que estaba. Su esposo había muerto hacía ocho meses, después de una sencilla intervención médica, y a ella todavía le dolía su pérdida. En ese momento recibió un correo electrónico; miró el monitor de la computadora y sintió que se le paraba el corazón. El correo electrónico era de su esposo y el asunto era "Te extraño". El mensaje decía: "Realmente te extrañé hoy. Te quiero mucho". Asombrada y agradecida por el mensaje, tomó la foto de su boda con él, que estaba manchada de lágrimas, y la besó murmurando: "Yo también te extraño y te quiero". Cuando vivía, su esposo solía mandarle un correo electrónico en la mañana, cuando él llegaba a su trabajo.

¿Es posible que los correos electrónicos se hubieran quedado en el servidor y se hubieran mandado en una fecha posterior? Por supuesto, pero a pesar de ello, este tipo de experiencias se viven todos los días. Algunas personas dicen que es una coincidencia o dudan que estos correos electrónicos sean legítimos, pero otras (como yo) pensamos que se trata de una sincronía pura. Ocurren en el momento adecuado.

Sparkle

Ella se llamaba Suzie, pero todos la llamaban por su apodo, Sparkle. Era extrovertida, tenía una sonrisa amigable y encantadora, y mostraba una calidez en su trato que uno podría pensar que era maestra, enfermera o que definitivamente era mamá, pero no era ninguna de estas cosas.

Su vida comenzó llena de problemas. Su madre no era casada y era muy joven; la dio en adopción con la esperanza de darle una vida mejor, pero la familia adoptiva de Sparkle no fue lo que su madre biológica hubiera deseado para ella. Su madre adoptiva tenía problemas con la bebida y su padre adoptivo abusaba de ella en lo físico y lo emocional. La agredió sexualmente desde que tenía cinco años de edad y hasta que ella huyó de la casa a los 16 años. Vivía en las calles y se volvió adicta al alcohol y a las drogas... cualquier cosa para calmar su dolor emocional y físico. El abuso había sido tan terrible que tuvo una infección que requirió de una histerectomía urgente cuando tenía veinte años de edad; debido a esto, Sparkle jamás podría ser madre.

Cuando estaba en el hospital después de la cirugía, una enfermera se encariñó con el espíritu de esta hermosa joven de cabello rubio y ojos azules, y empezó a hacerle preguntas sobre su vida y sus expectativas. Cuando Suzie le habló de su pasado, la enfermera se enfureció y le dijo que denunciara a ese hombre, pero Sparkle se negó a hacerlo y dijo que prefería encontrar la manera de sanar... de algún modo, de alguna manera. Así fue como conocí a Sparkle.

Emily, la enfermera valerosa de cabello corto de color castaño y ojos grises, me había consultado en muchas ocasiones desde hacía tiempo, y cuando Sparkle salió del hospital, Emily se la llevó a su casa, bajo varias estipulaciones estrictas: nada de bebidas, nada de drogas, nada de hombres, y tenía que recibir asesoramiento y asistir a AA cada semana. Era la primera vez que alguien se interesaba en esta joven que había vivido un pasado tan terrible, y ella sonrió ampliamente, prometiendo hacer todo lo que Emily le había pedido. La mayoría de los jóvenes se sienten molestos cuando se les imponen reglas, pero Sparkle nunca se quejó, pues sentía que alguien se preocupaba por ella. Emily tenía algunas reservas y en una sesión me preguntó si yo pensaba que estaba cometiendo un error. Yo no veía ningún error, pensaba que ella había tomado la decisión correcta.

Durante más de cinco años, Emily le ayudó a Sparkle a desarrollar su autoestima y a sanar; Sparkle le ayudó a Emily tanto como Emily le ayudó a Sparkle. Siempre que venía a mi oficina y yo mencionaba sus problemas de salud, ella no les daba importancia y decía que todos nos íbamos a morir en algún momento, e insistía en que quería saber sobre un interés romántico potencial o sobre ganar una apuesta tipo "ráscale". Nos reíamos y seguíamos adelante con la sesión a su manera. Me encantaba darle sesiones; a veces traía a Sparkle y me encantaba ver el cariño que se tenían... Emily era la madre que Sparkle nunca tuvo. Un día, vi el nombre de Emily en mi horario y eso me dio gusto, pero me sorprendí cuando la que llegó a mi oficina fue Sparkle... con el rostro bañado en lágrimas.

—Kristy, Emily murió hace varias semanas.

Abracé a Suzie y ambas lloramos, y luego me reí al pensar que Emily nos regañaría por estar llorando.

—Hace algunos meses supe que tenía cáncer. Nunca se lo dije porque ella habría dedicado toda su energía para luchar por mí.

Y lloramos una vez más.

—¿Te ha dado Emily alguna señal? —pregunté.

—De hecho, sí —dijo Sparkle sonriendo—. Una hora después de su muerte recibí una llamada telefónica de un número restringido. Pensé que era extraño, pero respondí pensando que era uno de los hijos de Emily. Pero nadie contestó. Yo podía sentir que había alguien ahí, pero nadie habló. No había nada —explicó.

Levanté una ceja y miré detrás de Sparkle, donde pude ver al espíritu de Emily. Su expresión indicaba que estaba preocupada, pero antes de que yo pudiera percibir la razón, Sparkle continuó.

—Las llamadas de números restringidos han continuado. Las recibo a diferentes horas del día y de la noche, pero recientemente han sido más frecuentes. Incluso fui al centro de servicio de telefonía celular, pero no tienen una explicación para esto. Dicen que ellos no han podido detectar estas llamadas. ¿Qué piensas? —preguntó Sparkle.

Miré a Emily, ella asintió y también tocó su pecho con la misma mirada de preocupación en el rostro.

—Definitivamente, Sparkle, apostaría lo que fuera... estas llamadas son señales de Emily.

—Eso fue lo que pensé. Supe que los seres del más allá podían jugar con la electrónica, pero creo que es extraño.

Como si ese fuera el momento adecuado, el teléfono celular de Sparkle, que estaba sobre la mesa, se encendió.

No hubo una llamada ni apareció un texto en la pantalla, el teléfono solo resplandecía.

—Dijiste que estabas mal, ¿está el cáncer en el seno derecho?

Sparkle asintió.

—¿Estás haciendo algo al respecto? —pregunté viendo de nuevo a Emily que negó con la cabeza, como respondiendo por Sparkle.

—Con todo lo que está sucediendo, no he tenido tiempo, pero tengo cita con el médico mañana.

Su teléfono celular resplandeció de nuevo pero no apareció ningún mensaje.

—Prométeme que vas a ir. Sé que no te gusta ir a ver al médico y seguir instrucciones —le dije bromeando.

Sparkle respondió con una sonrisa y me prometió que se presentaría a la cita.

Le pedí a Sparkle que se mantuviera en contacto conmigo, y prometió que lo haría, pero apenas un año después de su cita, recibí por correo una tarjeta de su esposo, era sobre su funeral.

Y lloré. No porque estuviera triste de que ella estuviera en el más allá, ¡pues sabía lo mucho que estas dos mujeres estarían disfrutando juntas, felices y riéndose!

Sparkle me enseñó tanto como Emily. Independientemente de las pruebas y tribulaciones que uno sufra, hay una forma de... bueno de BRILLAR.

Es fácil que la tristeza nos vuelva negativos, que nos haga sentir ira, tristeza e incluso amargura, pero en esas circunstancias recuerdo a una chica llamada Sparkle y las palabras de la psiquiatra y escritora Elisabeth Kübler-Ross: "Las personas son como los vitrales. Brillan y resplandecen cuando el sol está afuera, pero cuando la oscuridad aparece, su verdadera belleza se revela solo si hay una luz desde adentro".

Durante tus pruebas y tribulaciones, y cuando sientas que estás solo, debes saber que en nuestro interior hay chispas de luz, aunque no podamos verlas.

Capítulo ocho

Encuentros con espíritus

Una visión física es poco frecuente, pero no es poco común. La mayoría de las personas ven a sus seres queridos a través de sombras o perciben su presencia; no experimentan lo que los entusiastas de lo paranormal llaman apariciones plenas. Algunas personas tienen una visión fugaz del ser querido que ha fallecido (o de alguien que creen que se parece a él) conduciendo un auto cerca de ellas o deteniéndose en un semáforo. Una forma más sencilla de que nuestros seres queridos se acerquen a nosotros es visitándonos en los sueños.

Una visita en sueños es diferente a un sueño típico, pues es muy vívida, llena de paz y con muchos detalles. La persona recuerda esa visita durante muchos años como si fuera la mañana después de que ocurriera. Normalmente es a todo color y uno puede percibir todos los detalles del ser amado, incluyendo la ropa que lleva y el entorno donde está. A veces el ser querido habla, a veces no. En ocasiones, cuando habla lo hace en forma telepática, pero no siempre es así. No existen reglas fijas.

Se ha calculado que una persona promedio ha tenido 150 000 sueños cuando llega a los setenta años de edad, pero muchos de estos sueños prácticamente se olvidan, lo que hace que el soñar despierto o las visitas de nuestros seres queridos sean innegablemente especiales.

Con frecuencia, tengo que responder preguntas de las personas que me consultan y que han experimentado lo que consideran visitas de sus seres queridos, en las que los ven en el ataúd o ven que les están gritando. Las visitas muy raras veces son dañinas. En muchas ocasiones estos encuentros son simplemente el arrepentimiento al que se está aferrando la mente subconsciente de la persona y no son reales.

Si quieres tener una visita con un ser querido que ha fallecido, asegúrate de acostarte a buena hora y de no estar agotada, pues es muy importante que pases a través de las etapas de sueño adecuadas. Algunas personas creen que los seres del más allá pueden visitarnos durante el estado Alfa, mientras que otras creen que lo hacen entre el estado Delta y el estado REM. Independientemente del aspecto científico de esto, la transición correcta por las etapas de sueño ayuda a garantizar una visita adecuada. Existen muchos factores que pueden obstaculizar una visita, como el alcohol y diversos fármacos como las pastillas para dormir o somníferos..., pero por favor, no dejes de tomar un medicamento sin consultar a tu médico.

Antes de irte a la cama, asegúrate de que la temperatura de la habitación sea adecuada, y apaga la televisión o la radio. Respira profundamente varias veces, como se hace al meditar, y piensa en la persona con la que deseas hablar; piensa también en las preguntas que quisieras que te respondiera, y deja que el sueño llegue en forma gradual y sintiéndote en paz. En el apéndice encontrarás una "meditación para una visita antes de acostarse" que te ayudará en este proceso.

En cuanto despiertes, escribe todas las imágenes y mensajes que hayas recibido, aunque no tengan sentido para ti. Tal vez tengas que hacer esto durante varias noches, pero cuanto más intentes comunicarte con tu ser querido, más seguridad tendrás de llegar a recibir una respuesta.

Entre las formas más fáciles y comunes que utilizan los espíritus para comunicarse con nosotros están los sueños y las visitas. Nuestra mente consciente está inactiva y nuestra mente subconsciente despierta, lo que facilita más la visita de nuestros seres queridos. Una verdadera visita de un ser querido que está en el cielo, será muy específica y clara, y te llenará de paz y alegría.

Persiguiendo a mamá

Era una mañana de mayo muy triste; desperté con el corazón acongojado, aunque no había una razón real y verdadera para que me sintiera así. Me puse mi camiseta más cómoda y unos pantalones negros de yoga; me cubrí el regazo con mi cobija roja favorita y me senté viendo por la ventana de la sala. Pude ver cómo una ardilla trataba de meterse, sin éxito, al comedero para pájaros, lo que era bastante cómico. Me di cuenta de que mi estado depresivo se debía a que extrañaba mucho a mi mamá. No era una fecha especial que hiciera que mi corazón sufriera por ella. Pude haber pensado que estaba triste porque el cielo era gris o porque se acercaba el día de las madres, pero en realidad mi tristeza no tenía nada que ver con estas cosas, era porque yo simplemente extrañaba mucho a mi mamá.

"Debe ser bonito ser una médium, puedes hablar con tus seres queridos siempre que lo desees", ojalá tuviera yo un dólar por cada ocasión en que he escuchado esa frase. El hecho real es que cada persona puede hablar con sus seres queridos. Una persona me dijo una de esas frases de "debe ser bonito" después de una conferencia que impartí. Mientras le firmaba mi nuevo libro, elevé la vista para preguntarle si trabajaba en un banco. Él me respondió que sí y se sorprendió de que yo lo supiera. "Debe ser bonito ganar todo el dinero que desea, siempre que lo desea", le dije sonriéndole y le entregué el libro firmado. Él lo entendió. El hecho de que yo pueda ver, percibir, escuchar, captar sabores y sentir a las personas que están en el más allá, no impide que nuestros seres queridos se vayan, aunque puede hacer que lo aceptemos más fácilmente.

—Vamos de compras —dijo Chuck, mi esposo cuando notó que me sentía triste.

—En realidad no me interesa salir —dije, sin dejar de ver por la ventana el espectáculo que me estaba dando la ardilla.

—Vamos, eso hará que te sientas mejor. Hasta puedo comprarte algo —insistió.

Como a mi mamá le gustaba salir de compras tanto como a mi esposo, y ambos nacieron bajo el signo de Piscis, pensé que tal vez existía una conexión astrológica. "Bueno, mamá —pensé en son de broma—, de todos modos iré al centro comercial. Es probable que estés ahí, más que en ningún otro lugar".

Yo nunca he disfrutado ir de compras y recorrer las tiendas. Soy más bien una persona que "entra a la tienda, compra lo que necesita y sale de ahí". Sin embargo, a Chuck le encanta ver los estantes de ropa y todo lo demás. La mayoría de las veces esto me vuelve loca, pues considero que es una pérdida de tiempo. Si no sabes lo que necesitas o deseas, ¿cómo lo vas a descubrir si te pasas horas mirando? Mi mamá, sin embargo, era como Chuck. Al menos hasta que perdió la vista. Ella no creció en la abundancia, y se aseguró de aprovechar los ingresos de mi padre en la Ford Motor Company, en donde a veces trabajaba horas extras. Después de perder la vista, siguió saliendo de compras, pero no se divertía tanto y necesitaba tener en la cabeza una idea de lo que quería, porque ni mi papá ni yo éramos de gran ayuda para describirle cada prenda de modo que pudiera decidir si la quería o no. Por lo tanto, a pesar de lo frustrante que era para mí salir de compras con Chuck, era también un momento de nostalgia, pues me recordaba mis salidas de compras con mi mamá.

No había mucha gente en el centro comercial y seguí a Chuck al segundo piso de una tienda departamental donde él estaba buscando una almohada nueva y una camiseta de los Tigres de Detroit (¡al menos en esta ocasión sabía lo que quería!). Después de darme una vuelta por ahí, sin encontrar nada que me interesara, le dije a Chuck que lo estaría esperando a la salida. Todavía me sentía deprimida cuando una señora pasó delante de mí para bajar por las escaleras eléctricas. Yo tenía la vista fija en las escaleras cuidando de no caerme (siempre he odiado las escaleras eléctricas), pero un aroma captó mi atención. La señora que estaba dos escalones delante de mí usaba el mismo perfume que mi mamá. Levanté la vista y me llené de asombro al ver que la señora que estaba dos escalones delante de mí era la viva imagen de mi madre; la ropa que llevaba, su abrigo, su corte de pelo... todo era muy parecido a lo que usaba mi mamá. Empecé a sentir que se me llenaban los ojos de lágrimas y en ese momento la señora volteó a verme y me sonrió; casi me caí sobre ella. No era solo alguien que se parecía a mi mamá, era ella. Bajó de la escalera eléctrica y se perdió entre los estantes de ropa.

No supe qué hacer ni qué decir, así que la seguí de cerca sin dejar de llorar. Quería acercarme y abrazarla, pero me sentía confundida. Mi mamá había muerto hacía varios años y aunque era lógico que hubiera alguien que se pareciera a ella, indudablemente, se trataba de mi mamá. ¿Pero cómo era posible? Seguí caminando tras ella a una distancia segura mientras ella escogía ropa, la veía y la volvía a poner en su lugar. Bueno, ella no necesita ropa en el cielo, pensé.

—¿Kristy?

Me di la vuelta y vi que Chuck me estaba buscando con una mirada extraña. Yo le había dicho que estaría en la salida y en lugar de eso estaba escondiéndome en el departamento de ropa de mujer.

—Mira —dije en voz baja y señalé a la señora—. ¡Se parece a mi mamá; huele como ella! Puedes verla, ¿no?

Chuck asintió.

—Sí, esa es tu mamá, de acuerdo. ¡Sally! —gritó Chuck—. ¡Sally Lou! —gritó de nuevo, pero la señora no respondió, solo continuó mirando la ropa fascinada.

—Entonces, no estoy loca. Se parece a mi mamá, ¿no es cierto? —pregunté sintiéndome dudosa.

Chuck asintió una vez más, mostrando que estaba de acuerdo conmigo.

—¿Qué hacemos ahora? —preguntó.

La busqué de nuevo, pero vi que había desaparecido.

—¿Adónde se fue?

Chuck y yo recorrimos toda el área, pero no había nadie, solo el suave aroma del perfume que había oído en la escalera eléctrica. Después de recorrer la tienda dos veces, nos dimos cuenta de que se había ido, y yo me dirigí al coche de mala gana. Había tenido la oportunidad de ver a mi mamá. No solo en espíritu, sino físicamente, y Chuck también la había visto. Estaba emocionada, pero de todos modos estaba triste.

Cuando llegamos a casa, decidí compartir mi experiencia con mi papá, que era muy escéptico.

—Y traía puesto el abrigo ligero de piel color café que tú le compraste —le dije.

—Ah, ¿era tu mamá cuando estaba flaca? —dijo bromeando.

—¡Papá! —el peso de mi mamá variaba mucho y yo era la que mejor la comprendía en este aspecto, pues me molestaba el hecho de que yo había heredado esa característica. Sin embargo, estaba delgada cuando la vi en la tienda departamental—. Sí, mamá estaba delgada —gruñí—. Traía pantalones de mezclilla, un suéter color rosa muy bonito y muy poco maquillaje. Era mi mamá —le aseguré.

—Luego desapareció —añadió Chuck, encogiéndose de hombros como si no tuviera una explicación.

Mi papá no me cuestionó ni se mostró incrédulo.

—Yo también he visto a algunos miembros de mi familia —confesó—. Los he visto después de muertos. También he visto a algunos miembros de mi familia —repitió—. No he visto a tu mamá, pero sueño con ella todo el tiempo. Casi siempre me está gritando.

Chuck y yo nos reímos, sabiendo que probablemente esos no eran sueños sino visitas. Papá y mamá peleaban constantemente. Se amaban, pero también tenían muchas peleas agotadoras.

Yo había bromeado con mamá diciéndole que probablemente estaba en el centro comercial; creo que ella percibió que necesitaba verla y fue allá para ayudarme. Pero a menudo, las visiones, los sueños y las visitas pueden confundirnos.

Unos meses después de la muerte de mamá, tuve el don de recibir una visita de ella en la que me llevó a comprar comestibles. Ambas recorrimos los pasillos de un supermercado empujando el carrito, mientras le hacía preguntas sobre el cielo.

—¿No pudiste llevarme al Jardín del Edén y en lugar de eso me trajiste a un supermercado? —le pregunté un poco molesta. Ella solo se rio y yo desperté.

Eso fue en 2006 y todavía puedo ver cada detalle de esa visita, desde la ropa que ella traía hasta la que yo traía. Mamá se quedó ciega en vida, y las tiendas de comestibles le resultaban abrumadoras por el zumbido de las luces de neón, los ecos de las voces y los techos altos; además de la variedad de olores y sonidos. Pensé que esta visita había sido la manera de avisarme que ya no tenía esa discapacidad y que las tiendas de comestibles ya no la hacían sentir mal. De cualquier forma, habría preferido encontrarme con ella en un hermoso jardín, ¡pero el encuentro en JCPenney lo compensó!

Betsy

—No había ido a la iglesia desde que murió Ben —me dijo Betsy, una anciana que solía consultarme—, así que fui el domingo por la mañana. Cuando estaba sentada en la banca que nos gustaba a Ben y a mí, empecé a sentir ganas de llorar; entonces un joven vino y se sentó junto a mí.

Betsy tomó un pañuelo desechable y se secó una lágrima.

—Se parecía mucho a Ben cuando nos conocimos. Me tocó el brazo, me miró a los ojos y dijo: "Te ves muy bonita hoy" y luego se levantó y se fue. Me quedé asombrada. Ni siquiera le di las gracias; luego, el coro entonó el primer himno y era el que se usó en el funeral de Ben, "How Great Thou Art" (Cuán grande es Él). Miré a mi alrededor buscando a este joven extraño durante la misa y después de que terminó, pero no lo encontré —Betsy me preguntó desconcertada—: ¿Crees que era mi Ben, Kristy?

Le sonreí y asentí:

—Sí, Betsy. Se veía saludable y joven, ¿verdad?

—Sí. Se veía muy guapo, Y él siempre me decía que me veía bonita incluso cuando no me veía bonita —dijo Betsy riéndose—. Supe que era él. Lo siento cerca de mí, pero también sueño con él y siempre está joven y no tiene dolores. Eso es muy reconfortante.

Rita

Rita estaba sufriendo una pérdida. Su única hija, Bonnie, se había suicidado y ella no había podido dormir bien durante varias semanas. Rita había tratado de ayudar a Bonnie, pero las drogas y las malas compañías le ganaron la partida, y ahora la muerte era la última recompensa para Bonnie y la peor maldición para Rita.

—Al principio pensé que era falta de sueño —me comentó Rita—. Tres semanas después del día en que Bonnie tomó esa sobredosis, la vi de pie en la puerta de mi recámara. Traía puesta su blusa favorita de tela a cuadros y unos pantalones de mezclilla. Tenía el cabello sujeto con una banda y en su rostro se dibujaba una dulce sonrisa. Me levanté de la cama, o al menos creo que lo hice, y me paré frente a ella. Me dio un abrazo, se dio la vuelta, caminó por el corredor hacia una luz brillante y desapareció. Después de eso, tuve una gran sensación de paz. Todavía la extraño, pero esa visita fue... el don más reconfortante que pude haber recibido.

Ned

La visita que Ned tuvo de su esposa ocurrió casi un año después de la fecha en que ella muriera a causa de un trágico accidente automovilístico.

—Yo no había recibido ninguna señal. Pensé que ella estaba enojada conmigo —me dijo Ned por teléfono—. Pero en la víspera del aniversario de su muerte, cuando

Jodi había sufrido ese terrible accidente, me quedé dormido en el sillón reclinable. Era algo habitual para mí, incluso cuando Jodi aún estaba aquí. Ella solía despertarme en medio de la noche, cuando se levantaba para ir al baño o para ir por un vaso de agua; me sacudía en el sillón reclinable para que me fuera a la cama. Bueno, esa noche desperté al escuchar mi nombre. Jodi estaba de pie frente a mí y me dijo: "¿No es hora de que ya te vayas a la cama?", pero lo escuché en mi cabeza. Sus labios nunca se movieron. Ella caminó hacia la recámara y desapareció. Me levanté y la seguí, pero ya no estaba. Yo soy ingeniero, así que no le encontraba sentido a esto, hasta que un amigo me dijo que había sido una visita. Jodi me estaba dando a entender que seguía cuidándome.

Las visitas son un don y es muy reconfortante saber que nuestros seres queridos siguen estando con nosotros, pero debes tener paciencia, pues en el más allá no hay tiempo... lo que podría ser un año aquí podría parecer unos segundos allá.

Capítulo nueve

Música

Al más allá le gusta compartir mensajes a través de la música. Podrías responder a una canción al azar que no reconoces; luego lees la letra y descubres que es muy probable que se trate de un mensaje. El más allá también podría mandarte música que crea recuerdos.

La mamá de Allan murió unos cuantos meses antes de que naciera Hope, su primera hija. Antes de morir, les regaló a Allan y a su esposa un móvil con mariposas. Cuando nació su hija, casi todas las noches Allan escuchaba la música del móvil sobre el monitor para bebé. Cuando Hope creció, se reía y señalaba hacia un rincón del cuarto o levantaba la vista y sonreía. Allan creía que su mamá estaba disfrutando ser abuela, incluso desde el más allá.

Después de un largo día en la oficina, Missy estaba de mal humor mientras conducía a casa. Extrañaba mucho a su mamá, en especial en días como el que acababa de pasar. Su mamá había sido su confidente y su consejera, pero cuando murió a causa de un cáncer de páncreas, Missy sintió que la había defraudado. "Lo siento mucho, mamá; ojalá pudieras darme una señal". De inmediato, la canción que la estación de música pop estaba transmitiendo cambió a una canción clásica de Anne Murray, titulada "You Needed Me" (Tú me necesitabas), una de las canciones favoritas de su mamá. Missy tuvo que estacionarse y escucharla; no dejaba de llorar. Había recibido su señal.

La música es el lenguaje universal, incluso en el más allá.

El hombre música

Charles Robinette era el mayor de dos hermanos que crecieron en Detroit en la época de la Depresión. Siendo muy joven, mostró tener talento para ser un prodigio musical y el instrumento que eligió fue el piano. Charlie era un chico temperamental y maduró como un hombre temperamental. Tenía mal carácter, pero era brillante para la música; al avanzar en edad fue evidente que la música fluía de él y que la música sería su carrera.

Su madre a menudo contaba historias de que Charlie despertaba en medio de la noche gritando y diciendo que no podía sacarse las melodías de la cabeza. Y tanto sus días como sus noches se llenaron de música.

Sus padres le pagaron lecciones de piano, pero Charlie tenía un don natural y podía tocar casi cualquier instrumento sin esfuerzo, por ejemplo, el xilófono, la batería y el violín. Aunque sabía leer música, también tocaba de oído.

Siendo estudiante, Charlie fue director musical y líder de la banda en McKenzie High School en Detroit,

Michigan, y su primer trabajo fue como pianista en la Orquesta de Ralph Marterie, que hacía giras con sus presentaciones. Charlie era el miembro más joven de la orquesta.

Charlie trabajaba como pianista en el Brass Rail Bar y Mary Lou VanEtten era una de las camareras. Su amor al jazz y a la música de las grandes bandas fue el catalizador del amor que se tenían.

En 1961, Mary Lou y Charlie dieron la bienvenida a un bebé, el que después se convertiría en mi esposo. Fue un parto difícil para Mary Lou y tuvo que someterse a una cesárea de emergencia. Estaba muy débil y perdió mucha sangre, de modo que mientras Mary Lou todavía se estaba recuperando, Charlie le puso su nombre al niño, Charles Edward Robinett, sin consultarlo con su esposa. También les prestó a sus amigos y a los miembros de la banda en la que tocaba, la colección de discos de su esposa. Cincuenta años después, Mary Lou sigue sintiéndose mal por eso... le afecta más haber perdido sus discos que el hecho de que Charlie no la hubiera consultado respecto al nombre de su hijo, ya que nunca recuperó los discos que tanto le gustaban.

Poco después del nacimiento de mi esposo, al que le decían Robbie, el matrimonio empezó a deteriorarse, y aunque pasó una década antes de que Mary Lou y Charlie se divorciaran legalmente, los abuelos de Robbie, los padres de Charlie, le ofrecieron un entorno estable durante la mayor parte de su vida. Debido a que Mary Lou era una madre soltera, aunque no legalmente, y debido a que Charlie estaba ocupado con su música, la relación de Robbie con su padre fue nula.

A mediados de la década de 1960, Charlie trabajaba como director de orquesta en el famoso Roostertail de Detroit, un centro nocturno que visitaban con frecuencia celebridades de la música como Tony Bennett, Paul Anka y Wayne Newton; muchos de ellos le pidieron a Charlie que se uniera a sus giras. Charlie rechazó las ofertas porque no quería alejarse de Detroit, pero se mantuvo en contacto con muchos de los artistas de la música que llegaron a ser grandes estrellas.

A mediados de la década de 1970, Charlie también fue músico de sesión para muchos artistas de ritmo y de blues, como los Spinners. Al inicio de la década de 1970, Charles Robinette grabó varias canciones con los Spinners, como pianista. Dos de esas canciones se siguen escuchando hoy en día: "Games People Play" y "Rubberband Man".

En esa época, su hijo Robbie estaba enterado de los éxitos de su padre, pero no le interesaban en lo más mínimo. Eso era debido a la relación tan lejana y prácticamente inexistente entre ellos y al hecho de que su padre bebía demasiado, tenía mal carácter y un ego insoportable, que lo distanciaba de sus relaciones de trabajo y de la relación con su hijo. A pesar de que la abuela de Robbie insistía en que Robbie y Charlie tuvieran una relación de padre e hijo, el resentimiento de Robbie mantuvo a su padre alejado la mayor parte de su vida. Esto se agudizó cuando Robbie tuvo a sus hijas, Cora y Molly. Charly aparecía de vez en cuando y bajo sus propios términos, cuando era conveniente para él. Eso le traía a Robbie recuerdos dolorosos, así que se tuvo que poner firme y decirle: "O vienes cuando dices que vas a venir y te presentas sobrio, o no vengas". Sus abuelos paternos habían sido maravillosos con él y eso es lo que Robbie quería para sus propias hijas. Al paso del tiempo, Charlie dejó de presentarse.

Charles Robinette, a quien le decían El Hombre Música, frase que aparece orgullosamente en su sepulcro, murió de cáncer de colon en 1994. Robbie nunca se reconcilió con él en realidad. Pero lo hizo al cumplir cincuenta años, 17 años después de la muerte de su padre.

Él y su padre no solo escribían su apellido en forma diferente (todos tienden a poner una "e" al final de Robinett, así que su padre pensó que Robinette se veía mejor en las marquesinas); yo conocí al que ahora es mi esposo como Chuck, aunque toda su familia le sigue diciendo Robbie. En las fiestas navideñas las cosas pueden ser confusas. Pero la víspera del día en que Chuck iba a cumplir cincuenta años, me despertó un hombre que se parecía mucho a mi esposo.

—Quiero darle a Robbie un regalo de cumpleaños —me dijo el hombre que se había presentado en espíritu—. Quiero que le escribas una carta.

Yo no estaba muy segura de cómo interpretar esto. Sabía que la relación entre ellos había sido difícil. A menudo había escuchado a Chuck quejarse de algo que su padre había hecho o no había hecho, y ciertamente no quería echarle a perder este día especial. Pero este hombre, que era el suegro que yo nunca había conocido, no parecía estar dispuesto a rendirse, así que me levanté de la cama renuentemente, me puse una bata color rosa muy cómoda, tomé mi cuaderno y me dirigí en silencio a mi oficina. Él me siguió.

—Muy bien, ¿ahora qué? —dije molesta.

—Primero quiero llevarte a un lugar...

A través de los ojos de mi mente, Charlie me llevó a un edificio de dos pisos que tenía una escalera al frente, y en la parte de atrás había unos ventanales por los que se veía agua. Me pidió que me sentara en un taburete de bar. En un extremo de la sala había un piano. No podía ver mucho de la decoración porque el lugar no estaba bien iluminado, pero lo que él quería mostrarme no era el interior. Más bien se trataba de un lugar donde él se sentía cómodo.

—¿Lista?

Yo asentí y empecé a escribir, casi como si estuviera en un sueño.

Feliz cumpleaños, hijo. Te quiero. Ojalá hubieras podido sentir mi cariño. Al final intenté dártelo a entender, pero supongo que ya antes te había causado demasiados disgustos.

No supe cómo ser un padre o un buen papá y me porté de lo peor. Lo siento.

Cuida a tu mamá; ella te quiere. Diles a las niñas que las estoy cuidando, aunque tal vez no quieran que lo haga. Simplemente son hermosas.

Solían decirme "Charlie que corre de aquí para allá", eso me chocaba. Supongo que les quedé mal y sobre todo a ti Robbie.

Cuida tu peso. Eso me preocupa. Yo también tuve problemas de peso y no le di importancia.

Voy a reparar todo el mal que hice. Pero tienes que pedírmelo. Te pareces mucho a mí y tal vez eso te haga sentir mal, tal vez no. Nos obsesionamos con el dolor, en lugar de permitir que otros nos ayuden. Escucha música. Sabrás que estoy ahí.

Pero recuerda que en la vida y en el más allá, te quiero. Feliz cumpleaños.

Yo dudaba; no sabía si darle o no a Chuck la carta de su padre en la mañana. No era monumental. No tenía números para la lotería ni un mapa del tesoro, pero yo sabía que su padre tenía buenas intenciones, así que le di la carta.

Chuck y su padre (aunque no lo conocí en vida) tienen reacciones emocionales parecidas, y me refiero a que no son expresivos. Leyó la carta, la dobló y la guardó en su oficina. No se dijo nada más; hasta unas horas más tarde, cuando íbamos camino a su comida de cumpleaños. Mientras conversábamos sobre diversos temas, la canción

"Rubberband Man" se escuchó en la radio, era una estación de Top-40. Chuck y yo nos miramos y nos reímos.

Desde entonces, "Rubberband Man" o "Games People Play" se oyen en la radio cuando cualquiera de nosotros, Chuck, sus hijas o incluso yo, necesitamos que algo nos dé ánimo.

Por ejemplo, Cora había terminado una relación y Molly la convenció para se tomaran unas vacaciones y volaran a Florida por unos días. Después de todo, pronto sería el cumpleaños de Cora y todavía hacía mucho frío en Michigan; un poco de sol les haría bien a ambas. Decidieron hospedarse en un hotelito cerca de Tampa que tenía buenos precios; pero cuando llegaron se dieron cuenta de que tenía buenos precios porque estaba en una zona muy alejada y no había mucho que hacer ahí. Sin embargo, se mantuvieron con una actitud positiva y se asolearon en la alberca, leyeron libros y conversaron. La tranquilidad, no obstante, a veces hace que se abran las heridas del pasado y Cora se puso melancólica. Entonces, Molly y Cora se percataron de la canción que se escuchaba por los altoparlantes. Durante las últimas horas habían estado escuchando música pop y música alternativa, pero, bueno, esta canción era la de papá: "Rubberband Man". Las dos se rieron sabiendo que era la forma en que el abuelo les decía de dejaran de estar tristes. Le dieron las gracias a papá Charlie por su mensaje.

Apenas un año después del viaje de las chicas a Florida, Chuck y yo íbamos rumbo a la graduación de Molly en la Universidad Estatal de Michigan. Ella había trabajado mucho para terminar su licenciatura en Silvicultura y Fauna. Era un viaje de aproximadamente una hora de nuestra casa en Livonia, Michigan, a East Lansing, y nos íbamos a reunir en su apartamento para celebrar y tomar fotos con la familia antes de ir al auditorio. Cuando llegamos al estacionamiento del complejo habitacional donde ella vivía, "Rubberband Man" se empezó a escuchar en la radio. Chuck simplemente sonrió y le dio las gracias a su papá por cumplir su promesa de siempre estar cerca de las chicas.

Charlie sigue haciéndose presente a través de la música en momentos importantes de nuestra vida. Cuando Chuck tuvo que someterse a algunos exámenes médicos y estábamos preocupados, "Games People Play" se escuchó en la radio en la sala de espera. Cuando mi hijo, que no tiene lazos de sangre con Charlie, tuvo apendicitis y fue necesario operarlo, escuchamos "Rubberband Man" en la radio al llegar al estacionamiento del hospital. Dos canciones, que no se tocan con frecuencia, en especial en radio FM, parecen presentarse cuando necesitamos sentir confianza. Estamos seguros de que el "hombre música" en persona, Charles Robinette, está pendiente de su familia desde el más allá, aunque no se interesó mucho por ella aquí en la Tierra.

Capítulo diez

Otras señales del más allá

Arcoíris

Al más allá le gusta compartir mensajes grandes y brillantes, y qué mejor forma de hacerlo que con un arcoíris. Muchas religiones y pensadores espirituales creen que el arcoíris es un puente entre este mundo y el otro.

El arcoíris ha sido un símbolo de promesa y esperanza a lo largo de los años; lo vemos en la Biblia, cuando Noé ve el arcoíris después del diluvio, y lo vemos también en la cultura pop, en la película *El mago de Oz*. Según una leyenda de los pueblos indígenas de América, cuando un ser humano muere, encuentra un puente que debe cruzar para entrar al cielo. A la entrada de este puente lo esperan todos los animales que conoció durante su vida. Según la leyenda, los animales deciden quién cruza el puente del arcoíris y quién no.

Por supuesto, existe una explicación científica relacionada con la aparición del arcoíris. Sin embargo, eso no hace que sean menos hermosos o milagrosos, y por esa razón al más allá le gusta usar la señal del arcoíris para enviarnos saludos.

En algún lugar más allá del arcoíris

—¿Cuántos años tienes? —le pregunté con una sonrisa a un niñito de aspecto frágil que estaba en una silla de ruedas. Me miraba a través de sus largas pestañas rubias.

El niño levantó cuatro dedos y me sonrió con timidez.

—¡Vaya! Yo hubiera creído que tenías cinco años —le dije sonriendo.

El niño se rio y siguió jugando con el sistema portátil que tenía.

—Le pido a Dios que pueda cumplir cinco años —dijo su mamá suspirando—. Yo soy Kelly, por cierto. Él es Bregan —me dijo acariciando suavemente el cabello rubio de su hijo.

—Yo soy Kristy y él es Connor. También voy a pedirle a Dios por él —le prometí.

La sala de espera de cirugía del Hospital Infantil Mott de Ann Arbor, Michigan estaba repleta de niños, todos estaban a la espera de ser llamados para someterse a diversas cirugías. Yo traía en brazos a mi hijo Connor, de un año y un mes de edad. Ya tenía mucha hambre y sed, pues había estado en ayunas desde la medianoche. Eran las once de la mañana y su cirugía para corregir su paladar hendido se había retrasado más de dos horas, lo que no ayudaba a mejorar el mal humor de nadie. Sin embargo, al mirar alrededor de la sala, pude ver que muchas personas platicaban para tratar de reducir la ansiedad que sentían ante lo desconocido.

Kelly me contó que su hijo había nacido con problemas en la columna vertebral y que esperaban que la cirugía a la que se iba a someter, seguida de una intensa terapia física, le ayudara a caminar aunque fuera con limitaciones. Yo le sonreí. La cirugía a la que se sometería Connor no era un procedimiento de rutina y representaba riesgos como todas las cirugías, pero no parecía tan severa como la que enfrentaría Breegan. Noté que nadie más estaba acompañando a Kelly y casi me sentí culpable. Yo estaba con el papá de Connor y con Cindy, una trabajadora social del hospital, con quien había cultivado una amistad a lo largo del proceso de investigar todo lo relacionado con tener un hijo que nació con el paladar hendido y que además casi estaba sordo.

El papá de Connor estaba leyendo una revista, así que me levanté y me senté junto a la mamá de Breegan y le pregunté si quería que yo le diera la mano... algo que tal vez parezca extraño a menos que alguna vez hayas estado en un hospital esperando el momento de poner a tu hijo en manos del personal médico. Cindy preguntó si podía llevar a Connor y a Breegan a la sala de juegos y las dos aceptamos. Así que sostuve la mano de esta desconocida, la miré a los ojos y le dije que ambas necesitábamos un receso. Las dos nos reímos y luego oramos. Durante la siguiente media hora, nos tomamos de la mano hasta que llamaron a nuestros hijos, aunque parezca irónico, exactamente al mismo tiempo.

Si alguna vez has tenido la experiencia de llevar a tu hijo al hospital para una cirugía mayor, sabes que cuando lo llevan en una camilla a la sala de operaciones sientes como si te arrancaran un trozo del corazón y del alma. Es la experiencia más desgarradora. Besé y abrasé a Connor, hecha un mar de lágrimas y muerta de miedo. Cuando lo llevaban en la camilla por ese largo corredor, pude ver a Kelly besando a Breegan de la misma forma y luego ella empezó a cantar suavemente "Más allá del arcoíris" con la voz más angélica que había yo escuchado. Breegan cantaba con ella y siguió cantando cuando se lo llevaron en la camilla. Le sonreí suavemente a Kelly, la abracé y fuimos a la sala de espera, donde lloré hecha un mar de lágrimas.

Varias horas después, nos llamaron para que fuéramos a consolar a Connor, que estaba llorando y quería ver a su mami, y aunque no esperaba ver todos esos tubos y sangre, di gracias de que mi niño estaba vivo y sanaría.

Cuando lo pasaron a su habitación, llegó la enfermera y nos dijo al papá de Connor y a mí que durante nuestra estancia en el hospital podíamos tener acceso a la sala de masajes, a la cafetería, a la capilla y a la sala de lectura...; que necesitábamos tener tiempo para nosotros mismos. La forma en que lo dijo me dio risa; dejé a Connor en las hábiles manos de su padre y me tomé unos minutos para ir a la capilla. Encontré a la mamá de Breegan, que estaba sentada inmóvil y con la vista al frente. La expresión de su rostro me dijo todo lo que necesitaba saber.

—Él ya dejó de sufrir —dijo entre sollozos—. Será mi ángel por siempre. Ya llegó al otro lado del arcoíris.

No había nada que yo pudiera decir o hacer, excepto asentir con la cabeza y sostener su mano hasta que llegó el ministro y separó a la mamá de Breegan de mí.

Eso sucedió hace quince años.

Mi apellido de casada era diferente y tenía otra profesión. Nunca supe el nombre completo de la mamá de Breegan y ella nunca supo el mío, pero de alguna manera me localizó (o alguien la llevó hacia mí).

Cuando Breegan se puso en contacto conmigo se mostró como era hace quince años, luego apareció como una versión de sí mismo de 19 años de edad. Sonreí, Kelly no me reconoció al principio y yo no la reconocí a ella, pero Breegan sabía quién era yo y me pidió que le dijera a su mamá que no estaba dedicando suficiente tiempo a sí misma y que siempre le mandaba arcoíris; a ambas se nos llenaron los ojos de lágrimas.

Breegan no solo se manifestó para decirle a su mamá que estaba bien en el más allá; también le dio un mensaje que yo voy a compartir con mis lectores con la autorización de su mamá.

Está bien que te desmorones emocionalmente. No tienes que fingir, actuar ni aparentar que eres fuerte. Es sano llorar, ya que eso te ayuda a eliminar la tristeza de tu alma. Muchas veces tienes una carga tan grande sobre tus hombros que ya no puedes soportar un problema más. Ya no. Y la mayor parte del tiempo nadie lo sabe. Tu sonrisa es tan brillante que nadie puede ver las sombras que te rodean. Llora, desahógate, libérate. Ámate, siempre; ama siempre.

No importa cuánto sufra tu alma o cuáles sean tus problemas, asegúrate de tener tiempo para ti misma.

Kelly me dijo que después de la muerte de Breegan ella decidió hacerse en la espalda un tatuaje de un arcoíris con el nombre de Breegan. Sin saberlo, Breegan le dio un último mensaje; le pidió que siempre, siempre, recordara buscar arcoíris en su propia vida, ya que él estaría ahí en cada paso de su camino.

Números

Los números son parte de nuestra vida diaria; están por todas partes y es fácil que nuestros seres queridos usen esta señal como un medio para mostrarnos que están cerca. Podría ser una secuencia de números que tiene sentido, o solo una secuencia de números que se presentan con frecuencia, por ejemplo: 1-1-1, o 1-2-3. Pueden ser números que se repiten como 111, 222, 333, etc., o números que se relacionan contigo, con tus seres queridos o con un cumpleaños; puede ser un número favorito, un aniversario, etc. Estos números definitivamente no ocurren al azar ni son una coincidencia, son la forma en que nuestros seres queridos que están en el más allá tratan de ponerse en contacto con nosotros. Mi fecha de nacimiento es 11-13, y a menudo veo el reloj buscando estos números; sé que alguien está tratando de mandarme un saludo desde el más allá.

444

Ryan fue uno de los muchos bomberos que perecieron durante el ataque terrorista en Nueva York el 11 de septiembre de 2001; tenía cuatro hijas y una esposa que lo adoraba.

Kristen y Ryan tenían una conexión especial que muchos envidiaban. Fueron novios en la preparatoria y aunque los noviazgos de esa edad no duran, Kristen y Ryan no solo se amaban, eran los mejores amigos. Se apoyaban mutuamente en sus carreras y eran excelentes padres para sus cuatro hijas.

Ryan venía de una familia de bomberos, así que nadie se sorprendió cuando anunció la carrera que había elegido. Cualquier esposa de un miembro del equipo de intervención inmediata se preocupa cuando su esposo sale de la casa, pero Kristen confiaba en Ryan y sabía que tomaría decisiones correctas e inteligentes durante su turno de trabajo y en todo momento. Cuando Kristen se enteró del ataque, sabiendo que él estaba en servicio en ese momento, supo que todo había terminado para él.

—Fue como si en ese instante me arrancaran un brazo —me explicó—. Aunque nuestros amigos y familiares pensaban que yo era pesimista, pues no habíamos recibido un aviso oficial.

Casi de inmediato, Kristen empezó a recibir señales de Ryan. Uno de sus aromas favoritos era el de vainilla.

—Siempre llegaba a casa con diferentes tipos de velas con aroma de vainilla. Iba a la tienda y compraba las velas con aroma de vainilla. Siempre bromeábamos y yo le decía que ya sabía cuál sería su regalo el día de nuestro aniversario: una vela con aroma de vainilla.

"Esa primera noche percibí el aroma de una vela de vainilla que ardía, así que me levanté para ver si mi mamá la había encendido y se le había olvidado apagarla, pero no era así; no obstante, el aroma era muy intenso y me di cuenta de que Ryan me estaba diciendo que él estaba bien. Le dije que fuera hacia la luz y cruzara al otro lado. Tenemos una fe católica muy fuerte".

La serie de tres números 4 empezó a aparecer más o menos una semana después. Kristen me dijo que en el número de la placa de Ryan había una serie de números 4, su cumpleaños era el 4 de abril, tenía 4 hijas y el 4 era su número favorito.

—Algunas personas podrían pensar que era una coincidencia, pero la cantidad de cuatros triples que vi, y la forma en que los vi, era asombrosa. En el kilometraje de los autos, en los números de recibos, en las placas de los coches; incluso en las horas del día. Siempre que me sentía triste o empezaba a desmoralizarme, llegaban los cuatros. Yo sabía que era la forma en que Ryan me decía que estaba conmigo y me daba ánimos. Era reconfortante saber que él estaba cerca.

Cuatro años después de la muerte de Ryan, sin que fuera una coincidencia relacionada con el tiempo, Kristen se volvió a casar. "Yo sabía que Ryan me había mandado a este hombre cuando vi que la placa de su coche tenía una serie de cuatros, y además él llegó 16 minutos antes de la hora pactada; llegó a las 4:44".

Cosas que uno escucha

Podrías despertar a medianoche porque oyes que alguien dice tu nombre y crees que es un sueño; pero lo más probable es que sea un ser querido que está en el más allá, y que quiere atraer tu atención para saludarte desde el cielo.

Pensamientos

Cuando piensas que deberías llamar a un amigo o a una amiga de quien no has tenido noticias por mucho tiempo y de pronto suena el teléfono, es muy probable que un ser querido que está en el más allá esté tratando de ayudarte a tener momentos de alegría y gozo. También podría haber una conexión entre la otra persona, el ser querido que está en el más allá y tu persona. O tal vez estés llevando a cabo tus actividades diarias y de pronto piensas en una persona que acaba de morir; es ella que se está acercando a ti para saludarte.

Zumbidos

En vista de que nuestros seres queridos que están en el más allá están hechos de energía, pueden afectar nuestros sentidos. En una forma muy similar a cuando viajamos en avión, cuando nuestros seres queridos están cerca de nosotros podemos sentir una vibración en el cuerpo; o los oídos nos empiezan a zumbar o a sentirse tapados.

Olores

A nuestros seres queridos les gusta mandarnos olores con los que estamos familiarizados y que nos traen recuerdos de ellos. Pueden variar desde los cigarrillos que solía fumar tu abuelo hasta las galletas que a tu mamá le gustaba hornear.

Sabores

Así como los espíritus te mandan olores, también te mandan sabores. Podrías estar sentada tranquilamente en un diván y de pronto sentir el sabor de la salsa de espagueti que tu papá solía preparar.

Cambios de temperatura

Muchas personas han dicho que sienten cambios de temperatura, tanto fríos como calientes, cuando ocurren interacciones con sus seres queridos que han partido.

En la sección "Para crear conexiones con el más allá" del apéndice, encontrarás formas de contactar, intencionalmente, a tus seres queridos que están en el más allá.

Capítulo once

Al diablo con eso

Aunque la mayoría de los espíritus que me visitan comparten mensajes hermosos sobre su vida en el más allá, de vez en cuando también me buscan algunas almas torturadas y en ocasiones son espíritus que están enojados.

Siempre encarcelado

A lo largo de toda mi vida he estado en contacto con lo paranormal, con el más allá y con el periodo entre una vida y otra. Si esto no me encontraba a mí, yo lo encontraba. A la hora de la comida solía ir al cementerio histórico local donde podía tener conversaciones tranquilas con quienes habían cruzado al más allá, y con "fantasmas que estaban en espera". Durante estos recorridos nunca caminé pisando fuerte ni les exigí que se mostraran; que hicieran que se encendieran mis dispositivos, como por ejemplo, un teléfono celular, ni les pedí que hicieran que algo se moviera. Bueno, me ayudaba (y todavía me ayuda) el hecho de ser una médium y ser capaz de ver, sentir, escuchar y comunicarme con las personas que están en el más allá. Al igual que muchas otras personas, yo he tenido experiencias paranormales. Ha habido algunas que me encantan, algunas que he tolerado y también algunas que me producen repulsión o me indignan. Si has asistido a los *tours* de fantasmas, a las cacerías de fantasmas o a las noches que yo he organizado, sabes que lo primero que digo es que cazar fantasmas es tan emocionante como observar cómo se seca la pintura. Y lo siguiente que digo es que debemos respetar a los espíritus y a los fantasmas, pues vivimos como ellos, bajo un cielo diferente, en un paradigma diferente, pero de todos modos siendo uno con ellos. Por lo tanto, gritarles estando en su hogar o pedirles que hagan trucos de circo sobre los cuales el perro de la familia podría hacer ciertos comentarios si pudiera... bueno eso no es adecuado. Es una falta de respeto. Incluso tomar montones de fotografías como si fueras un *paparazzi* anormal, es ridículo.

Recientemente, he encontrado lugares que se consideran "embrujados"; lugares donde habitan fantasmas. En los contratos relacionados con ellos se especifica que no se permite que las personas y grupos molesten a los espíritus. En realidad, a los dueños les agradan sus fantasmas. Me pregunto si les gustaría estar en su lugar si los papeles se invirtieran y ellos no pudieran tomar el tren que los conduciría al cielo. ¿Cómo se sentirían si los secuestraran o los tuvieran como rehenes? Es prudente abordar las situaciones paranormales como si estos seres estuvieran frente a ti. ¿Les dirías: "Lo siento, me gusta el dinero que estoy ganando gracias a ti; por lo tanto, no se te permite irte de aquí para estar con tu familia"? Aunque yo he estado en contacto con algunas personas desalmadas en mi vida, dudo que la mayoría de la gente tuviera el valor o las agallas suficientes para decir eso. El hecho de que no podamos ver a estos seres no es razón para que algunas personas crean que pueden tomarlos como rehenes. Eso no se hace, y no debe hacerse, y quienes lo hacen deberían saber que enfrentarán una situación muy interesante relacionada con el karma cuando crucen hacia el más allá.

Con la luz llegan las tinieblas

Yo era muy joven cuando mi papá me llevó a una iglesia presbiteriana local para escuchar a un ministro que dijo que había viajado a países del Tercer Mundo, donde había hecho exorcismos en personas poseídas. Mi papá quería grabar el programa, como lo estaban haciendo muchas otras personas, pero aproximadamente cinco minutos después de haber comenzado, el ministro se detuvo horrorizado.

—Debemos orar. ¡Olvidé orar! —exclamó, visiblemente desconcertado—. Debemos protegernos cuando tratamos con las tinieblas y debemos pedir que los registros funcionen bien.

Entonces oramos y él continuó con su largo discurso que incluía una película de los impresionantes exorcismos que había llevado a cabo. Cuando regresamos a casa, mi papá regresó la cinta y pulsó el botón de "play"; durante los siguientes cinco minutos lo único que escuchamos fueron gritos de horror, gruñidos y voces indescriptibles, y solo al final escuchamos "amén"; después el discurso continuó sin problemas. No había una explicación para esto. Luego, les preguntamos a otras personas que habían grabado el programa y todos ellos habían escuchado los mismos ruidos espantosos en la cinta. ¿Prueba esto la existencia de un infierno lleno de castigos crueles y tortura? Para algunos, incluyendo a mi papá, sí lo probaba.

En 2005 participé en un popular programa de radio en línea donde entrevistaba a una gran diversidad de invitados y abordábamos temas en el campo de lo paranormal, lo metafísico y lo sobrenatural. Recibí una solicitud para que entrevistara a un caballero que había tenido una experiencia cercana a la muerte. Me interesó y concertamos una cita. Él me informó que oficialmente había fallecido y había estado muerto durante casi diez minutos, después de que su apéndice se había perforado.

—¿Vio usted una luz, como muchas otras personas que han tenido experiencias cercanas a la muerte? —le pregunté.

—No vi nada, Kristy —respondió—. Lo único que vi fue oscuridad. No existe el más allá. No existe un cielo. No existe un infierno. No existe nada".

Me sorprendí y me quedé desconcertada. Llevábamos tres minutos de una entrevista de sesenta minutos y lo último que yo quería era crear un debate teológico.

—Yo antes era presbiteriano y ahora soy ateo. He decidido no apoyar económicamente a algo que ni siquiera existe, que es una farsa; me refiero a la religión.

—¿Entonces usted no cree que regresó a terminar con una misión especial o a dar un mensaje? —le pregunté con la esperanza de que tal vez no lo estuviera diciendo todo.

—No, mi mensaje es que la gente no toque sus cuentas bancarias y deje de dar dinero para catedrales enormes y costosas.

En situaciones como estas, simplemente no hay nada que sea prudente decir. Yo solo le di las gracias por su relato, por compartir su punto de vista y me despedí de él. Durante el tiempo que quedaba del programa recibí llamadas de los radioescuchas, que tenían muchas experiencias para compartir.

Cuatro años después, me sorprendió ver que el nombre de esta persona estaba en mi programa. Decir que estaba yo nerviosa, se queda corto, pero abordé la situación con la mente abierta; saludé a este hombre en la puerta de mi oficina y le ofrecí una silla. Pude ver a su esposa detrás de él en espíritu. Una tenue luz color rosa brillaba detrás de ella y me sonrió.

—Tu esposa está detrás de ti, Zed. Dice que hiciste todo lo posible por salvarla, pero que ya había llegado su hora.

Zed inclinó la cabeza y sollozó:

—¿En realidad está ahí, Kristy? ¿No solo me lo estás diciendo?

—Te lo prometo, no solo te lo estoy diciendo.

Zed me miró; tenía arrugas en las esquinas de los ojos.

—Creo que estoy recibiendo un castigo. Creo que cuando morí experimenté el infierno y cuando regresé lo seguí experimentando. Nada me funcionó bien. Terry me dejó, ¿sabes?

—Pero todavía se considera tu esposa, así que no creo que haya renunciado a ti, pero tú si lo has hecho. Esa oscuridad que describiste...

Zed me interrumpió antes de que pudiera terminar.

—Esa oscuridad que vi cuando morí, bueno, creo que era la oscuridad que había en mi corazón. Si solo me hubiera quitado los lentes de mi mente cerrada, entonces tal vez habría visto algo más, pero ese era mi infierno y yo hice de ese infierno mi realidad. Todavía lo es.

Antes de su experiencia cercana a la muerte, Zed había perdido su negocio, su madre había muerto de cáncer, y luego perdió casi todo lo que pensaba que representaba su identidad. Después de eso perdió a la única persona que lo amaba por ser quien era y a pesar de todo.

—Hace varios años me preguntaste si había un mensaje que supuestamente yo debía compartir.

Asentí en silencio; todavía podía ver a Terry que estaba apoyando su mano en el hombro izquierdo de Zed.

—Creo que se me escapó ese mensaje. Creo que el mensaje era que el infierno definitivamente sí existe. Existe en el interior de cada uno de nosotros, pero también existe el cielo. No es un lugar, Kristy, es una existencia. Es lo que nosotros hagamos de él. Es nuestro ahora. También es nuestro más allá. Ya no quiero estas tinieblas, Kristy.

Zed murió el año pasado. Su hijo me mandó su obituario con una nota que decía que su padre había renunciado al ateísmo, y aunque no asistía a la iglesia con regularidad, aprendió a volver a creer.

En los años que he estado dando sesiones, nunca ha venido a mí alguien diciendo que está en el infierno y que necesita mi ayuda. ¿Pero significa eso que el infierno no exista? No, solo significa que no tienen mi número y yo no tengo el suyo. O tal vez en el infierno no se permite que la gente tenga conexiones.

Muchas personas creen que una vez que se lleva a cabo la revisión de nuestra vida al cruzar al más allá, recibimos el perdón y se nos entregan túnicas para cantar en el coro y la llave de nuestra habitación. Sin embargo, eso no es lo que me han explicado las personas que están en el más allá, y ha habido miles y miles de personas que me han dicho lo que es el más allá. No siempre es igual; así como las experiencias de nuestro nacimiento son diferentes, los relatos sobre nuestra muerte son diferentes y también lo será nuestra vida en el más allá.

La invitación

—¿Puedo ser específica respecto a la persona con quien quiero hablar, Kristy? —me preguntó Deena, una mujer de sesenta y tantos años, que tenía tres hijos y siete nietos.

—Puedes invitar a las personas con las que desees hablar, pero no hay garantías, desafortunadamente —expliqué—. Parece que las personas que se presentan no son necesariamente las que creemos que se presentarán, sino las que necesitan presentarse. Tal vez en ese momento no lo entendemos, pero así es a final de cuentas —cerré los ojos, respiré profundamente, dije una oración breve y pedí mensajes claros y concisos.

Se presentaron la mamá de Deena, su papá y sus cuatro abuelos; todos tenían mensajes, y luego vi a un hombre alto de cabello castaño delgado y bigote; estaba al final de lo que parecía un túnel largo. Evitaba verme, tenía la cabeza baja, pero se quedó ahí, a pesar de todo. "¿Tienes un mensaje para Deena?", le pregunté telepáticamente. Él levantó la mano como pidiéndome un momento.

—¿Quién es, Kristy? —preguntó Deena desconcertada.

—Un hombre que siente mucho remordimiento y tiene miedo de ponerse en contacto conmigo plenamente —respondí y lo seguí describiendo—. Creo que se llama Warren o Walden.

Deena respiró con dificultad, sacudió la cabeza, como si estuviera tratando de sacar una avispa de su cabello.

Alarmada, le pedí al hombre un mensaje rápido y pude ver que ahora estaba sollozando. "Dile a Deena que estoy muy arrepentido. Estoy pagando por lo que hice y todavía estoy aprendiendo y creciendo. Pídele que también le diga a mi hermano Will que estoy arrepentido", se dio la vuelta y el túnel donde él estaba simplemente desapareció. Su mamá y su papá, que se llamaba Will, todavía estaban detrás de ella. Miré la expresión de Will y parecía estar horrorizado; tenía las manos sobre los hombros de su hija, como si tratara de tranquilizarla, aun estando en espíritu.

—Ese hombre era el hermano de mi papá. Me agredió sexualmente cuando yo tenía nueve años. Y no fui la primera a quien agredió. Mi papá y su familia se negaban a aceptar esta situación y nadie le habló a mi mamá sobre el pasado del tío Warren. Si ella lo hubiera sabido, nunca me habría dejado con él. Les dije a mis padres lo que había sucedido, pero no cuando sucedió, sino tres años más tarde, cuando murió el tío Warren. Se suicidó y escribió una carta confesándolo todo y pidiendo perdón.

Yo no supe qué decir. Mis sesiones eran para dar paz, no dolor. Estaba muy desconcertada.

—¿Está en el cielo? ¿O nos visitó desde el infierno? —las preguntas de Dee parecían un eco. ¿Por qué Warren no pudo ver a Will?

Yo nunca creí tener todas las respuestas. Con cada sesión aprendo más y más sobre el más allá. Me quedé sentada por un momento, asombrada, sintiéndome muy mal por haber propiciado esa conexión y por lo que Deena había sufrido.

—Él quería que le dijeras a tu papá que estaba arrepentido. Así que seguramente no sabe que ya murió.

—¿No es cierto que todos los que mueren se reúnen? —preguntó Deena—. ¿Sean buenos o malos?

Esa era una buena pregunta y me la habían hecho muchas veces. ¿Por qué Warren no pudo ver a Will, o al menos saber que ya había muerto? Así que le pregunté a la única persona que me podía responder en ese momento: el papá de Deena, Will.

Will me explicó que él no se había reunido con su hermano y que no quería hacerlo.

—El cielo es lo que nosotros queremos que sea y estamos con las personas con quienes queremos estar. Lo que llamamos infierno, bueno... —dijo Will arrastrando las palabras—, no se tienen esas opciones o interacciones. Yo puedo visitar a mi familia en el cielo y en la Tierra; en el plano más oscuro, no se tiene un pase definitivo.

Deena se recargó en mí, arrugando la frente y pensando.

—Entonces, si los que están en el infierno no tienen pases, ¿cómo es que vino a visitarnos?

De nuevo le pedí ayuda a Will.

—No dije que nunca hubiera pases, simplemente no son pases ilimitados. Los que están en el infierno pueden hacer visitas por dos razones: para dar paz y para dar dolor; a final de cuentas, nuestra fe es la que decide lo que vamos a elegir.

—¿Los que están en el infierno pueden alguna vez pasarse al cielo? —preguntó Deena.

Los ojos de Will se entrecerraron y respondió con un simple "no".

Deena decidió usar la visita de su tío como un medio para encontrar la paz. No la paz con él en sí, sino que, como ella dijo, había guardado el acoso de su tío como un recuerdo en lugar de deshacerse de él. Había permitido que ese acoso llegara a ser su infierno personal y ahora, después de tantas décadas, esto había llegado a su fin.

Esto es el infierno

Entonces, ¿el cazar fantasmas es una diversión o es en realidad algo más serio? ¿Puede probar la existencia del cielo y/o del infierno? Yo he tenido muchas experiencias, pero en 2012 se me ofreció la oportunidad de dar *tours* paranormales a un grupo de buscadores de fantasmas en la antigua Prisión Jackson (1837-1935), una prisión histórica que se encuentra en Jackson, Michigan. Ahora se llama Armory Arts Village; el área donde antes estaban los presos, en cuatro hileras de celdas, es ahora una hermosa comunidad de artistas, con apartamentos, condominios y estudios de arte. El área de confinamiento solitario sigue intacta, al igual que los viejos túneles donde los prisioneros vivieron las experiencias más inimaginables, pues estaban "fuera de la vista". Soy cautelosa con respecto a los lugares donde llevo al público, pues he tenido encuentros cercanos con demonios y he sobrevivido (obviamente), pero no es algo que yo recomiende a un novato y ni siquiera a un investigador experto. No me sentí mal al ir a la Primera Prisión Estatal de Michigan. Parecía un lugar relativamente seguro, y los residentes me afirmaron que aunque había mucha actividad, nunca había sido un lugar demasiado negativo. La palabra clave era "demasiado".

Nuestro *tour* comenzó sin incidentes, hasta que en la Ciudad de Jackson se perdió el encanto, pues un conductor ebrio chocó contra un transformador. La mayor parte del grupo se fue después de eso (tal vez nunca sabremos si fue porque estaban cansados o porque tenían miedo...), y nos quedamos con un grupo de investigadores que tenían interés en entrar a los túneles una vez más. Mientras estábamos esperando sentados y agazapados, todos empezamos a sentirnos acosados por fantasmas. La energía cambió y parecía casi una especie de burla. Nuestros instrumentos electrónicos se encendían y un cochecito de juguete se movía de un lado a otro como bajo el control de manos etéreas. Escuchábamos murmullos. Para eliminar la tensión, decidimos ponernos a cantar, lo que entretuvo tanto al grupo como a los fantasmas.

De pronto recibimos un mensaje de un hombre que quería cruzar al más allá. Ya no quería estar atorado. Ya no quería esconderse para no ser juzgado, pues posiblemente ya había pagado por sus culpas en prisión y lo sabía. Así que hice lo que haría cualquier buen investigador... le pedí al grupo que me ayudara a guiarlo para que pudiera cruzar. La energía cambió; se elevó. Muchos de los del grupo contuvieron las lágrimas. Yo lloré, no porque tuviera miedo de que con mi siguiente grupo no encontrara ningún fantasma; lloré porque habíamos ayudado a una persona a reunirse con su familia y sus amigos después de tanto tiempo.

Tal vez este hombre no hubiera tenido esa oportunidad si no hubiera sido por nosotros. En ningún momento pensé en simplemente alejarme de él. Pueden llamarme incauta, pueden decir que soy una persona que ayuda o incluso que soy una sanadora. Yo diría que todo este grupo es de samaritanos para los fantasmas. Y tal vez por eso decidí entrar a este tipo de lugares en vez de ir al apartamento de alguien, lo cual también estaba en el itinerario. En la vida no hay nada al azar, siempre hay una razón para todo.

Cuando nos fuimos, no sentí que le hubiera dado al grupo un día de esparcimiento. Creo que quizás algunos se fueron recordando el inicio de la conferencia y estaban de acuerdo en que cazar fantasmas realmente era similar a observar cómo se seca la pintura y es probable que no lo volvieran a hacer. Sin embargo, creo que otros sintieron la adrenalina de haber ayudado, no solo cazado fantasmas.

Ese fue el último *tour* paranormal que hice en la antigua prisión de Michigan y fue como poner un signo de admiración al final de un enunciado. Había rumores de que los *tours* suscitaban actividades paranormales entre los residentes y ellos solicitaron que ya no se programaran, así que ese fue nuestro último *tour*.

Un grupo entró a los túneles donde habíamos visto luces blancas y verdes, donde habíamos escuchado murmullos y hasta sentimos como si alguien nos tocara suavemente. Cuando fuimos a otras áreas, cuatro de nosotros permanecimos agazapados cerca del final del túnel donde escuchamos un gruñido y un siseo. En lugar de dar la vuelta y acercarnos a ver quién estaba sufriendo, corrimos. Todavía me arrepiento de eso hoy en día, pero es más fácil decirlo ahora que cuando vivimos esa situación.

Luego nos dirigimos al área de confinamiento solitario, donde Hannibal el Oso, un hombre iracundo, había pasado más de cuatro años de su vida; ahora Hannibal era un legendario fantasma que merodeaba el área. Equipados con una caja de espíritus, un dispositivo que usa frecuencias de radio para dar voz a los fantasmas o a los espíritus, con grabadoras y otras piezas de equipo para detectar lo paranormal, éramos un grupo de diez personas y nos sentamos en el suelo de tierra y tratamos de hacer contacto con estos seres. De inmediato, se escuchó en la caja de espíritus un gruñido parecido al que habíamos escuchado en los túneles, y luego escuchamos una voz de hombre que respondía a nuestras preguntas con claridad.

—No soy una buena persona. Maté a muchos, ante todo niños.

Cuando le preguntamos en qué año había ocurrido eso, nos respondió que fue en 1866. Y cuando le preguntamos dónde estaba, respondió en forma siniestra: "Esto es el infierno".

Zona intermedia

El catecismo católico enseña claramente que existe un purgatorio, donde las almas se purifican después de la muerte: "Todos los que mueren en gracia de Dios y en amistad con Él, tienen asegurada su salvación eterna, pero necesitan purificarse para alcanzar la santidad necesaria para entrar al gozo del cielo. La Iglesia da el nombre de purgatorio a esta etapa final de purificación de los elegidos, que es muy diferente al castigo que reciben los que se condenan".

El purgatorio, o limbo, como lo llaman algunos, se me ha mostrado como algo diferente a lo que se dice de él en muchas religiones. Como le dijo Will a su hija Deena, no hay forma de elevar a un alma rezando por ella, ni de hacer que alguien haga buenas obras para que puedan llegar al reino celestial. No se trata de lo que alguien más pueda hacer por estas almas, sino lo que ellas tienen que hacer por sí mismas. El purgatorio o el limbo a menudo son algo que la persona misma crea; son una especie de sala de espera antes de que el alma pueda cruzar y sea posible que se lleve a cabo la revisión del alma para después embarcarse en su viaje definitivo. Muchos temen que lo que hicieron en la Tierra los mande al lugar de fuego y azufre, de modo que la sala de espera es mejor que eso;

así que esperan. Muchas de estas almas que están en espera reciben el nombre de fantasmas, y las almas de estos fantasmas están errantes y a la deriva.

El Reformatorio del Estado de Ohio (o Reformatorio de Mansfield), que se encuentra en Mansfield, Ohio y que ha aparecido en programas de temas paranormales como *Ghost Adventures* (Aventuras de fantasmas), *Ghost Hunters Academy* (Academia de cazadores de fantasmas) y *My Ghost Story* (Mi historia de fantasmas), ha sido famoso como uno de los lugares hechizados más importantes del mundo. Se ha utilizado en muchas películas y videos musicales, principalmente en la película *The Shawshank Redemption (Sueño de fuga)*. El 19 de agosto de 2013, un grupo de 29 personas investigamos este lugar histórico.

El Reformatorio del Estado de Ohio fue construido por los Masones en 1886 y fue destinado a la rehabilitación de jóvenes que delinquen por primera vez. Su arquitectura era (y sigue siendo) espectacular; su diseño original era similar al de un castillo, y se pensó que esto sería un paso positivo para la reforma carcelaria. Desafortunadamente, las condiciones se deterioraron muy rápido y esta prisión llegó a tener un agobiante legado de abuso, torturas inhumanas, muchos asesinatos y secretos que todavía se guardan al interior de sus muros. Activistas de derechos humanos ejercieron presión y lograron que esta prisión se cerrara en 1990, ya que los reclusos vivían entre ratas, insectos dañinos y murciélagos. Su alimentación era de muy mala calidad y las enfermedades eran frecuentes. Cinco años después, en 1995, la Sociedad para la Preservación del Reformatorio de Mansfield, abrió la prisión para que se realizaran cacerías de fantasmas.

Se considera que tiene el bloque independiente de celdas de acero más grande del mundo, y los seis niveles de la prisión hacen de ella un edificio enorme. Incluso durante su construcción ocurrieron muertes, pues algunos obreros cayeron de los andamios. Esta zona también se utilizó para albergar a pacientes tuberculosos. Intencionalmente se internaron estos pacientes en un hospital cercano a los prisioneros con la esperanza de que se contagiaran y así se redujera la población excesiva de la prisión.

Muchos programas de televisión han señalado puntos candentes para actividades paranormales, como las habitaciones del alcaide donde su esposa fue asesinada a balazos cuando estaba buscando algo en su armario. Se dice que es posible detectar el aroma de su perfume. El hoyo, o confinamiento solitario, y la enfermería también se han señalado como puntos de actividad paranormal. Pero existen otras áreas, a lo largo de kilómetros, que pueden explorarse. Y como yo siempre he dicho, los fantasmas no necesariamente están fijos en un área, cuando pueden moverse a otras. Los fantasmas son diferentes a los espíritus. Los espíritus son los que cruzan al más allá pero regresan a hacer visitas, mientras que los fantasmas deciden no cruzar o no pueden cruzar por diversas razones.

La comunicación es diferente para mí como médium, pero también creo que es distinta para quienes realizan investigaciones. Los espíritus no suelen acosar a la gente, hacen visitas. Ese domingo fuimos a buscar lo que merodea entre los muros de piedra del Reformatorio de Mansfield, en la oscuridad.

La investigación comenzó a las 8 p. m. y continuó hasta las 5 a. m., y tuvimos libertad para explorar el 95 por ciento del edificio: corredores, túneles y cientos y cientos de escaleras que eran confusas pero emocionantes, ya que en todo momento y en cada piso, tuvimos la oportunidad de revisar este edificio lleno de gradas. Los pisos estaban llenos de polvo, las chimeneas estaban rotas, al igual que los vidrios de las ventanas, y encontramos muchos animales, vivos y muertos. Pero a pesar de todo esto, el Reformatorio de Mansfield mostró su gloria y brilló a través de toda esa suciedad.

Yo puedo ver a los fantasmas y a los espíritus. Pero cuando participo en investigaciones no quiero ser el centro de atención. Quiero que los demás participantes experimenten lo que tengan que experimentar sin que yo les señale cosas o haga narraciones. Comparto y siento miedo, lo que algunos consideran extraño, pero no he perdido la inocencia humana ante el hecho anormal de ver, escuchar, sentir y comunicar con lo que la mayoría de las personas no pueden o no quieren ver, escuchar, sentir y comunicar. El Reformatorio de Mansfield no nos desilusionó. Me agarraron, me tocaron, me gruñeron, me gritaron y me hablaron. Pero mi mayor problema no fue algo de naturaleza paranormal. Fueron los murciélagos.

Un grupo de aproximadamente diez personas estaba a punto de entrar a un cuarto que estaba al final de un corredor largo y angosto, entonces escuché una advertencia.

Grité: "¡Murciélagos! Muévanse... vámonos, vámonos, vámonos". El grupo, confuso y escuchando solo el grito de: vámonos, vámonos, vámonos", empezó a caminar lentamente hacia la entrada, pero yo les dije que apagaran sus lámparas de mano y que caminaran más rápido. Cuando finalmente escucharon el chillido de los murciélagos y el agitar de sus alas sobre sus cabezas, se dieron cuenta de que no se trataba de un fantasma ni de nada demoniaco, sino de murciélagos vivos (o eso creo). Chuck estaba al final del corredor alejándose de nosotros cuando grité: "murciélagos"; el giró y un ser negro y peludo le golpeó la cara. No estoy segura de haberme reído tanto en mucho tiempo.

Continuó la noche y los murciélagos siguieron molestándome (¿karma?). Además, uno de los participantes empezó a hacer ruidos como los de los murciélagos para volverme loca, y movía su gorra de beisbol en mi oreja para simular el ruido de las alas (recuerda que estábamos a oscuras), y los murciélagos me seguían acosando, así que me caí varias veces lastimándome la rodilla. Mis gritos se estaban volviendo demasiado frecuentes, así que me tapé la boca y cerré los ojos mientras caminaba por una de las celdas; todos me veían y se reían, pero yo no quería distraerlos de la verdadera razón por la cual estábamos aquí: la experiencia.

Las cámaras funcionaban mal, las videocámaras se encendían solas o no se encendían, el equipo paranormal se negaba a funcionar, y mientras nosotros tratábamos de encontrarle sentido a todo esto, el 95 por ciento de la luz de la luna llena caía sobre nosotros como una cascada por las ventanas, hasta que una niebla anaranjada cubrió la prisión... y solo la prisión. La vimos entrar desde las habitaciones del alcaide y bloquear la luz de la luna, que era la única luz que teníamos aparte de nuestras lámparas de mano (esa fue una de las razones por las cuales tuvimos problemas con los murciélagos; las luces LED [*Light-Emitting Diode*, diodos emisores de luz] confunden los sentidos de estas criaturas). Llegó un momento en que lo único que yo quería era sentarme y sollozar, y esa energía triste persistió durante dos días.

Aunque en esta prisión habían estado recluidos algunos criminales empedernidos, muchos de los prisioneros eran ladrones que solo habían cometido crímenes menores. En la prisión habían ocurrido miles de muertes y ahí estaban las almas de quienes no habían cruzado al más allá, lo que hacía de ella un lugar favorito para los cazadores de fantasmas.

En medio de la investigación, un grupo y yo entramos a lo que había sido la enfermería y nos comunicamos con un hombre llamado William y con otro llamado Russ. Russ dijo que tenía más de setenta años de edad y estaba listo para estar con su familia. Dijo que él no había matado a nadie, pero que había robado dinero, y que por su religión sentía que no merecía ir al cielo. Varios de nosotros nos sentamos en lo que había sido el hospital y les ayudamos a él y a William a cruzar. Había ahí un perro que parecía un Spaniel o un pastor pequeño; estaba corriendo en el vestíbulo del alcaide; de hecho percibimos el aroma de perfume de rosas, que había llegado a ser casi una leyenda relacionada con la presencia de la esposa del alcaide. En cuanto percibíamos el perfume, este desaparecía.

Casi no pude dormir cuando regresamos al hotel a las 5 a. m.; pensaba que tal vez la misión en la prisión no estaba completa y me preguntaba cuándo podríamos regresar para ver si era posible liberar más almas y ayudarles a encontrar la libertad. Siempre he sentido que esa es la verdadera razón de las investigaciones paranormales. No debemos tratar a los fantasmas como si fueran animales enjaulados en un zoológico donde nosotros somos los carceleros, sino que prácticamente debemos ser sus consejeros y liberarlos; no obstante, ellos son los que deben hacer el trabajo. Deben hacer un compromiso total para cruzar al más allá.

Al volver a casa, mi familia empezó a experimentar cierta actividad interesante. En primer lugar, todos los relojes de baterías dejaron de funcionar, casi simultáneamente a las 4:35. Luego se percibió un olor a humo de cigarro y mal olor corporal seguido de sombras. Cuando mis hijos adolescentes me dijeron que tenían miedo y que habían visto y escuchado muchas cosas a lo largo de su vida debido a mi trabajo, supe que Chuck y yo habíamos traído a alguien de la prisión, así que me senté para ver si podía descubrir quién era.

—Muy bien, ¿quién eres? —dije en voz alta y sintiéndome como una tonta—. ¡Sal, sal de donde quiera que estés! Se acabó el juego del escondite.

La sombra que había estado asustando tanto a mis hijos se manifestó como un hombre, sus ojos se movían de un lado a otro. Yo miré alrededor para asegurarme de que los productores del programa *Sobrenatural* no estuvieran ocultos en mi clóset de sábanas con una cámara.

—Muy bien, ¿de qué se trata? —exigí—. Y dímelo pronto porque no tengo tiempo para juegos. Asustaste a mis hijos, yo estoy cansada, y para ser honesta, no soy muy amable cuando estoy cansada.

Durante los siguientes veinte minutos, el fantasma me habló de su vida y de su muerte. Su nombre era Frank y había estado preso en Mansfield a finales del siglo XIX.

—Intenté dispararle a un hombre, señora, pero nunca tuve buena puntería y no le di.

Frank tenía un ligero acento sureño y no tenía la energía de un criminal rudo. Me dijo que un día, cuando regresó a casa después del almuerzo, encontró a su esposa con otro hombre; en un momento de furia sacó una pistola y le disparó con la intención de matarlo. Salió corriendo pero al día siguiente lo encontraron escondido debajo del porche de la casa de un amigo. Un año después de ser encarcelado se ahorcó.

—Aunque hubiera salido de prisión, no tenía adónde ir ni a una persona con la cual reunirme. Siempre fui lento. Solo era bueno para hacer algunas tareas. Mi padre me dijo que yo no era un hombre de verdad y mi madre nunca me apoyó. Así que nadie vino a recibirme después de morir.

Yo quería estar enojada con Frank, pero me compadecí de él.

—¿Por qué me seguiste a mi casa?

—Pude ver que usted ayudó a otros hombres. Fue bondadosa y pensé que tal vez podría ayudarme a mí también. Estoy listo para enfrentarme a mi juicio, señora, sin importar lo que eso signifique. He estado preso durante mucho tiempo.

—Sí —murmuré—. Más de cien años. Eso en sí debió ser un infierno. Puedo ayudarte a llegar a la luz, pero tú debes caminar hacia ella y a través de ella. ¿Podrías hacerlo?

Frank asintió. Su energía cambió y parecía como si años de fango se hubieran separado de él.

—¿Qué pasará cuando cruce hacia la luz? —preguntó vacilante.

—Tendrás lo que se conoce como revisión de la vida o del alma, en la cual experimentarás las emociones, los efectos y las experiencias que tus acciones produjeron en otros y en ti mismo —expliqué. Pude percibir que el miedo rodeaba a Frank una vez más—. Mira, Frank, nadie es un santo. Estamos destinados a tener paz en esta vida, y paz en el más allá. La elección es tuya a fin de cuentas. ¿Eliges alimentar lo positivo o alimentar lo negativo? Tus elecciones son bastante limitadas en este aspecto.

Frank asintió mostrando que estaba de acuerdo.

Cerré los ojos, dije una oración e invité a mis ángeles y a mis guías a ayudarme.

—Yo, junto con mis ángeles y guías espirituales, ayudaremos a iluminar un camino para ti. Vas a ver una escalera brillante que se dirige al techo y más allá. ¿La ves?

Frank asintió.

—Y quiero que avances peldaño tras peldaño; quiero que subas por esos escalones. Con cada uno sentirás más confianza en que vas a cruzar. Al llegar al más alto, verás unas figuras de pie en la parte superior; ellos te ayudarán a cruzar la puerta hacia el más allá.

Pude ver tres figuras de pie en la parte superior de la escalinata iluminada. Dos eran figuras angélicas y la otra era una mujer; tal vez su madre o su abuela. No era el momento adecuado para que yo hiciera una conexión, tenía que ayudar a Frank a cruzar hacia el más allá. A medida que Frank ascendía, empezó a llorar, pero al subir cada peldaño parecía despojarse de sus cargas y volverse más ligero, de modo que cuando llegó a la parte superior de la escalera estaba envuelto en una luz brillante. Abrazó a la mujer que yo había visto esperándolo y ellos cuatro entraron por la puerta; entonces desapareció la escalera.

Abrí los ojos y los volví a cerrar, tratando de ver si podía sentir algo, pero el espacio se sentía vacío.

Varios meses después de que Frank cruzó, desperté cuando un hombre me tocaba el hombro. Abrí los ojos y me sorprendió ver que el que estaba ahí era Frank. Estaba envuelto en una luz blanca y brillante; era resplandeciente. Y con la actitud de un niño de primer grado que se ganó una estrella en su tarea, me dijo suavemente:

—Estoy en el cielo; ¡logré llegar al cielo! ¡Gracias!

Frank simplemente se disipó y yo me froté los ojos para estar segura de que no estaba soñando. Tomé mi teléfono celular para ver la hora, y los números resplandecieron; eran las 4:35 a. m.

—Bien hecho, Frank —murmuré. Dejé el teléfono celular en la mesita de noche y me quedé dormida de nuevo.

Phil

A veces olvido lo que es ser normal. Sin importar a dónde vaya, dónde esté o con quién esté, veo personas que han muerto físicamente (y casi siempre me comunico con ellas). Trato de alejarme con una luz blanca, un escudo por así decirlo, de modo que mi contacto se limite y no parezca una lunática hablando con algo que para la mayoría de las personas solo sería aire, pero que yo percibo como una energía o un espíritu. En ocasiones, la energía/espíritu es tenaz y obstinado y desea hacer contacto, de modo que intentará captar mi atención a toda costa. Y cuando pueden ver que yo los veo, evitarlos no solo sería inapropiado, me haría sentir tristeza. ¿Cuántas personas pueden realmente verlos y comunicarse con ellos? Es probable que sean más de las que creemos, pero lo ignoran o se ocupan en otras cosas. ¿Cuántas personas pueden transmitir los mensajes del más allá a sus seres queridos? Yo puedo hacerlo y he asumido el papel de ser su mensajera.

Lo que debió ser solamente una hora tranquila en la que estaba esperando que le cortarán el pelo a mi hijo, terminó siendo una conversación con Phil.

Phil se había suicidado después de un diagnóstico doloroso que limitaba su periodo de vida, y aunque había sido educado en el catolicismo y tenía fe en Dios, sintió que ya no podía soportar esa situación. Esta fue la historia que me pidió que yo compartiera con su familia y con la chica que le estaba cortando el pelo a mi hijo; ella era la hija de Phil.

Un hombre de cuerpo frágil, que estaba a punto de morir y tenía tristeza en el corazón, me mostró su espíritu como era antes de que él muriera. Dijo que necesitaba decir que estaba arrepentido por lastimar a toda su familia y por causarles las dificultades que les causó, en especial por la forma en que acabó con su vida. No quería que nadie lo encontrara así, pero no conocía otra forma de hacerlo. Tenía miedo de morir, pero tenía más miedo de vivir y ya no quería ser una carga para otros.

Me mostró una habitación oscura. Él estaba sentado en la orilla de la cama sosteniendo una pistola en la mano. No me mostró el momento de su muerte (la mayoría de los espíritus lo hacen), pero me mostró la tensión que sufrió antes de morir y luego el ruido estridente con el que acabó con su vida. Todo había terminado.

"Qué segundo tan rápido", pensó, ese segundo que acabó con su vida y cambió la vida de tantas personas.

Se mostró llorando antes de hacerlo, respiró profundamente y luego lloró en espíritu... sorprendido por sus propias acciones. También me mostró que estaba atado a la Tierra; no pudo cruzar al más allá durante cierto tiempo. Su purgatorio fue tener que observar la angustia que sus acciones causaron a sus hijos y a otros seres queridos. Me explicó que la vergüenza que sentía era peor que la muerte física, pero dijo que no estaba luchando consigo mismo. Siguió defendiendo sus acciones y lo hizo repetidas veces.

Dijo que podía ver la luz, pero que estaba demasiado agotado para encontrarse con los ángeles; ni siquiera podía llegar a la mitad del camino, así que se sentó ahí preguntándose si había hecho lo correcto. Sus seres queridos lo llamaban, él lloraba. Vio a sus seres queridos ahí de pie, pero sentía que no era lo suficientemente bueno para estar con ellos, o que su juicio no sería algo que él pudiera enfrentar y que lo mandaría a un lugar peor. ¿Era posible que él hubiera cometido un error garrafal? Me dijo que se hizo esa pregunta una y otra vez.

Después de lo que le parecieron meses, pero que solo fue una semana, finalmente caminó hacia la luz. Me comentó que su amor, que era su esposa, estaba ahí y cuando él la vio, sollozó en sus brazos. Y me explicó que luego llegó el momento en el que recibiría la asesoría. Le pregunté si eso era como un juicio y él asintió, pero dijo que era un juicio hecho con amor; no con fuego y azufre.

Después de lo que yo llamo campo de entrenamiento básico de los ángeles en mis asesorías, Phil se mostró en un lugar hermoso, con sus seres queridos y con su esposa. Estaba en una casita sencilla cerca de un cristalino lago azul. Llevaba una camisa de franela a cuadros y su espíritu se veía saludable y feliz. Dijo que había intentado ver a su familia, pero todos estaban tan tensos que sus visitas les producían pesadillas en las que veían su féretro cerrado, y no eran visitas verdaderas.

—Señorita, usted puede verme. Por favor lleve mi mensaje de amor y dígales que estoy orgulloso de todos ellos. Por favor dígales a los chicos que tienen que cuidarse y que por favor me perdonen. Su mamá y yo los queremos mucho.

Entonces compartió un mensaje que yo consideré el más profundo de todos; un consejo que todos necesitamos:

—Disfruten a la familia. Disfruten la vida. Disfruten las cosas sencillas. Disfrútense unos a otros. Yo me encuentro bien.

Raras veces me acerco a personas extrañas para ofrecerles mensajes, pero él insistió en que dejara a un lado la revista que estaba leyendo y que le escribiera una carta a su hija. Envolví con ella el dinero que le iba a dar a la chica como propina por haberle cortado el pelo a Connor y se la entregué al salir. Confusa por lo que le di, me alcanzó con lágrimas en los ojos, antes de que cerrara la puerta del coche.

—No tiene usted idea de todo lo que esta carta significa para mí —me dijo abrazándome—. ¿Cómo puedo pagárselo?

—Perdona a tu papá y haz lo que te pide —dije y sonreí.

Todos nos aferramos al enojo, incluso al que sentimos hacia las personas que no están con nosotros físicamente. Ellos lo saben. Lo sienten. Lo perciben. Lo ven. Y aunque desean ser parte de nuestra vida, ese enojo causa confusión y una mala conexión en la línea telefónica hacia el más allá. Sin embargo, puede repararse mediante una búsqueda del alma, pero quiero decirte que cuando se repara, el teléfono no deja de sonar, y eso es bueno.

Mis experiencias con las personas que están en el más allá y han cometido suicidio, han sido tan distintas como lo es la vida de cada persona. Algunos lo lamentan y otros no. Algunos no están en el mejor lugar del más allá, aunque no podría yo definirlo como un infierno, y otros realizan la transición sin problemas y están felices y en paz con su decisión. Sin embargo, no podemos escapar de nuestros problemas ni en esta vida ni en el más allá.

Marcia

Marcia vino a verme para una sesión. Tenía unos sesenta años de edad; su pelo castaño corto y sus lentes, hacían que pareciera una maestra de primaria. Su energía tenía una suavidad de la que fluía una característica matriarcal.

Su esposo decidió manifestarse en espíritu para hablar con ella.

El esposo de Marcia se parecía un poco a Clint Eastwood y cuando yo le describí a su esposa su aspecto físico, solo para validar su presencia, él lo consideró un cumplido. Dijo que su nombre era Ray, y me mostró un rayo de sol para confirmarlo.

—Él dice que tú estás enojada con él, Marcia; muy, muy enojada con él.

Marcia se enjugó las lágrimas, pero solo se quedó sentada mirándome fijamente.

—Yo me suicidé —confesó Ray—. Me quité la vida —repitió, y empezó a sollozar. Luego me mostró los detalles.

—Dice que tomó un cinturón y se fue al parque cercano y se ahorcó —dije con una actitud compasiva y se empezaron a formar lágrimas en mis propios ojos, mientras describía su muerte.

Marcia asintió y solo me miraba fijamente con sus enormes ojos color café.

—Dile que lo siento. No tuvo nada que ver con ella ni con los chicos. Simplemente me sentía inútil. Tuve que retirarme de mi trabajo debido a mis problemas en la espalda y me sentía inútil. Dile que estoy con los chicos, en especial con Sammy. El verano antes de mi muerte le prometí llevarlo a pescar. Sé que no ha ido a pescar desde entonces. Dile a Marcia que quiero que Sammy vaya a pescar y que estaré con él cuando lo haga.

Compartí su mensaje.

—Kristy, ¿está en el infierno? Ambos crecimos siendo católicos y eso... —Marcia tragó saliva y bajó la vista, esperando mi respuesta.

Miré a Ray. Él sacudió la cabeza para decirme que no.

—Dice que no llegó directamente al cielo. Tenía que resolver su depresión y un gran número de problemas que había tenido con su padre. Tuvo que recibir... bueno, la única manera en que puedo explicarlo es comparándolo con la asesoría psicológica. En cuanto llegó a un mejor lugar al interior de su espíritu y su alma, pudo seguir adelante. Pero ahora está en un lugar mejor.

Las lágrimas de Marcia se convirtieron en sollozos de alivio.

—Se supone que yo iba a llevarla a Hawái en nuestro trigésimo aniversario —dijo Ray, con una energía que transmitía tristeza—. Quiero que vaya. Sé que en Hawái hay muchos arcoíris, pero ella va a reconocer el arcoíris que yo le voy a mandar. También le he estado mandando arcoíris aquí, pero ella no les presta atención. Dile que esté pendiente de los arcoíris.

Seis meses después recibí una llamada de Marcia.

—Kristy, no me lo vas a creer. Aunque no quería ir a Hawái porque sentía que estaba mal celebrar algo que ya no existía, todo el tiempo sentí la presencia de Ray. Y respecto al arcoíris que mencionó, en cuanto salí del avión pude ver un arcoíris triple. ¡Un arcoíris triple! Su número favorito era el tres y nació en marzo. Yo había estado dudando de todas las señales, pero ahora, bueno, creo en ellas. Todavía lo extraño, pero tengo mis arcoíris.

Esperanza para los desesperados

—Simplemente ya no voy a hacer más presentaciones por radio —le dije, quejándome, a mi amiga por teléfono.

Pude escuchar que se reía al otro extremo de la línea, lo que hizo que me sintiera más frustrada.

Hablaba en serio. Me encantaba hacer presentaciones por radio, pero esa mañana en particular, los comentarios que aparecieron en la página de Facebook de la estación, eran muy desalentadores.

—Me gustaría que los detractores intentaran interpretar energías a cientos de kilómetros de distancia, ponerse en contacto con sus seres queridos que han muerto y con sus guías en solo unos segundos y formular consejos positivos. Sería como si un dentista tuviera a varias personas con la boca abierta y él estuviera a más de treinta metros de distancia con un microscopio tratando de dar un diagnóstico. No es fácil, pero me gusta el reto y me gusta hablar con la gente —dije suspirando. Luego noté que Kay no me había respondido—. Kay, ¿al menos me estás escuchando?

—Ajá. Dentista. Microscopio. Energía.

—Grrr —gruñí y puse los ojos en blanco, apagando mi computadora.

Kay me había escuchado quejarme y sollozar durante años. Si una persona era muy difícil durante una consulta, yo lloraba con ella. Si una persona me había conmovido hasta las lágrimas, lloraba con ella. Nunca revelé información confidencial de las sesiones, creo en la confidencialidad, pero ella era mi confidente y se lo agradeceré eternamente.

Kay llegó a ser mi amiga después de consultarme como paciente. Mis mentores me dijeron desde que comencé a dar sesiones que no me acercara demasiado a las personas que me consultaban y que no cultivara una amistad con ellas, pero existen algunas reglas que supongo se hicieron para ser violadas, y esta es una de ellas.

—Pero no me agrada que la gente me menosprecie, ¿sabes? —le dije quejándome.

—Kristy, tú te dedicas a una profesión que siempre será sometida a escrutinios. Sé que por naturaleza no eres el tipo de persona que se protege tras una armadura, pero en situaciones como esta, o dejas que se te resbale, o dejas de leer comentarios en la prensa, o...

Justo en el momento en que iba a presentar otra excusa, sonó mi otro teléfono.

—Lo siento, Kay... espérame. Tengo otra llamada.

Tomando en cuenta la forma en que había transcurrido la mañana, lo último que quería hacer era contestar. Tenía toda la intención de dejar que entrara el correo de voz, pero recibí llamadas del mismo número más de cinco veces. Aunque esa llamada me causaba más y más agitación, ya que no había terminado de quejarme con Kay, pensé que lo mejor sería ver cuál era la emergencia.

—Habla Kristy, ¿cómo puedo ayudarle? —contesté ligeramente molesta.

—¿Eres Kristy, la de la radio? —preguntó una voz joven.

—Sí, ¿cómo puedo ayudarte? —repetí, preguntándome si era uno de mis detractores y que iba a empezar a criticarme. Solo eso me faltaba.

—Mmm..., te escuché en la radio y pensé que tal vez podrías ayudarme —dijo la chica y empezó a llorar.

Me olvidé de Kay que estaba en la otra línea y de inmediato adopté una actitud intuitiva.

—¿Quieres hablar de eso? —pregunté con amabilidad.

Durante la siguiente media hora, la chica de quince años que me dijo que se llamaba Taryn, me confesó sus dificultades. Sus conflictos en la escuela debido a un problema de aprendizaje; el sentir que el chico que le gustaba era un miserable, un marginado social; el hecho de que no tenía amistades; y el ver que su mamá tenía problemas de dinero.

Me dijo que había fingido estar enferma para quedarse en casa con la intención de suicidarse.

—Tal vez si ya no estuviera aquí mi mamá no tendría que luchar tanto —razonó.

Mi corazón dejó de latir por un momento y empecé a sentir que se me llenaban los ojos de lágrimas.

—Soy mamá, Taryn, y sé que en realidad, el hecho de que te fueras no la ayudaría. ¿Ella trabaja mucho?

Taryn me dio el nombre de su mamá y el lugar donde trabajaba, así que, en silencio, me puse en contacto con mi esposo que estaba en la oficina, le mandé una nota con las circunstancias relevantes, el nombre de la mamá de la chica y el lugar donde trabajaba; le pedí que lo buscara en Google y que le llamara de inmediato, mientras yo estaba al teléfono con la chica. Chuck estuvo de acuerdo; en unos minutos me dijo que había contactado a la mamá de la chica y que ya iba camino a casa.

Así que me quedé al teléfono. Taryn y yo hablamos de que ella se sentía sola y de que no tenía amigos. Me dijo que había encendido la radio cuando estaba pensando en la forma de acabar con su vida y entonces empezó mi segmento. Dijo que cuando no pudo comunicarse conmigo, se sintió abandonada una vez más, pero se arriesgó y me volvió a llamar más tarde.

Ciertamente me alegró que lo hubiera hecho.

—¿Cómo es el más allá, Kristy?

Dudé. Si le decía la verdad, si le decía que era hermoso y que no había dolores, temía que ella acabara con su vida. Aunque esa era la verdad, muchos de los seres que venían a verme en espíritu después de cometer suicidio me explicaban que al principio habían tenido que trabajar muy duro. No era un cielo instantáneo, sino un trayecto en el que el alma debía explorar, y que en cierta forma era un infierno, pues tenían que ser testigos del dolor que habían enfrentado sus seres queridos por su culpa. Me costaba trabajo encontrar las palabras adecuadas para expresarme. Pero en ese momento sentí una presencia.

—Taryn, ¿tu papá se suicidó? Un hombre en espíritu está cerca de mí. Tiene una camisa de trabajo, como las que usan los mecánicos y unos pantalones de mezclilla sucios.

Escuché que Taryn comenzaba a llorar.

—Debe ser mi papá. Solo quiero estar con él.

—Ay, Taryn —dije con el corazón hecho pedazos. Miré al hombre pidiéndole ayuda. Era apuesto, de cabello castaño oscuro peinado hacia atrás y ojos color chocolate.

—Dile que todos los días me arrepiento de lo que hice. Fui un estúpido. Estaba deprimido y no estaba pensando en nadie más. Fui una persona egoísta y acabé con mi vida en forma egoísta. Ella es más inteligente que yo. Ella es más amorosa que yo y tiene muchos más motivos para vivir de los que yo jamás tuve.

Yo no estaba completamente de acuerdo con todo lo que él dijo. Sentí que este hombre todavía estaba buscando excusas para justificar su vida y su muerte, pero le transmití el mensaje a Taryn al pie de la letra.

—Quiero que le digas cinco cosas. ¿Estás lista?

Asentí y empecé a escribir, preguntándole a Taryn si todavía estaba conmigo. Ella me dijo que sí, entre sollozos. Y empecé a escribir y a darle la información a Taryn, mientras hacía mil cosas al mismo tiempo.

1. Siempre hay esperanza, aunque te sientas sin esperanza. Puedes superar esto y lo harás.
2. Date 24 horas antes de hacer algo drástico en la vida. Las emociones y las acciones son dos cosas separadas y a menudo no pueden combinarse al mismo tiempo.
3. En este momento estás sufriendo. Pero el sufrimiento a veces es un sentimiento positivo, ya que ayuda a diferenciar las cosas.
4. Muchas personas reaccionan mal ante tus sentimientos suicidas por muchas razones. Es posible que tengan miedo o hasta podrían sentirse enojadas, ante todo porque pensarán que te hicieron algo que

te dañó. Pero tus sentimientos son tus sentimientos. Sin embargo, hay personas que estarán contigo durante este periodo difícil. No te van a juzgar, solo tratarán de hacer lo que es mejor para ti.

5. Nunca pienses que estás sola o que nadie te quiere.

—Hice lo que tenía que hacer, Taryn —dijo su papá—. Y, sí, tengo muchos sentimientos de arrepentimiento por lastimarte a ti y a tu mamá, pero estaré con ustedes siempre. No estoy listo para recibirlas acá. No puedo esperar a ver lo que ustedes van a lograr allá.

—¿Pero él está bien? —preguntó Taryn.

—Está bien. Si pudo ponerse en contacto con ustedes para darles este discurso, está bien. ¿Alguna vez han sentido que él está cerca de ustedes? —le pregunté.

—Creo que sí. A veces siento que alguien toca mi pelo y nunca he sentido miedo. Recuerdo que cuando era niña mi papá me acariciaba el pelo, así que pensé que era él.

Miré al papá de Taryn y él simplemente sonrió y asintió con la cabeza.

—¿Sentiste que él estaba contigo hoy en la mañana cuando me llamaste?

No escuché una respuesta y por un momento sentí miedo.

—¿Taryn?

—Lo siento, mi mamá acaba de llegar. Sí, sentí que alguien tocaba mi pelo cuando estaba escuchando la radio esta mañana. ¿Entonces, él realmente se encuentra conmigo?

—¡Absolutamente! ¡Ten confianza! —sonreí por el teléfono—. ¿Puedo hablar con tu mamá? —le pregunté, pues estaba preocupada y no quería que ella simplemente colgara el teléfono; Taryn le dio el teléfono a su mamá y hablamos por un momento. Le pedí que me mantuviera al tanto de lo que hiciera su hija. Taryn recibió ayuda para enfrentar su dolor y su depresión y de vez en cuando me pone al tanto de sus avances.

Taryn ya está en la universidad estudiando psicología, con la esperanza de ayudar a otros que se sientan solos como ella. Todavía siente que su papá le acaricia el pelo; aunque no existe un razonamiento científico sobre la forma en que esto sucede o quién lo hace... pero ella lo sabe.

Mis guías me apoyaron mucho ese día, pues me estaba quejando por algo que era un detalle insignificante; me pusieron la vida en perspectiva. Estoy muy agradecida por haber estado en el lugar correcto y en el momento correcto, y doy gracias a la estación de radio por tener fe en mí y por transmitir mi programa en primer lugar. Mi vida no estaba mal. Mis hijos están sanos y felices. Claro que tenemos nuestros altibajos (como los tiene toda la gente), pero la negatividad de una situación de mínima importancia me envolvió durante una hora de mi vida. Una hora que fue muy larga para mí.

Entonces, cuando te sientes molesto por algo, o sientes como si el mundo te hubiera traicionado, debes saber que la situación se dio así para que aprendas de ella. Con frecuencia la situación presenta expectativas y motivos más grandes de lo que pensaste originalmente. Y como puedes ver, yo no soy perfecta (¡demonios!) y a veces solo me permito ver las nubes que tengo frente a mí, olvidando que hay arcoíris a todo mi alrededor. Tal vez lleve tiempo o se requiera actuar para ver a través de la densidad de lo que te ha causado molestia y disgusto, y sé que es necesario esforzarse para lograrlo.

Mi mamá solía decir: "Siempre hay alguien que tiene dificultades más grandes que las que nosotros tenemos". Así que cuando estés en una situación complicada, pregúntate si la vida realmente es tan terrible, o si te estás poniendo la corona y estás actuando como la reina o el rey del drama. Cuando todo lo demás fracase, te puedo prestar a Kay. Estoy segura de que a ella no le molestaría.

El suicidio no es la respuesta

El suicidio no es la respuesta. Nunca es la respuesta. Pero tenemos que ser realistas, el suicidio ocurre. Cuando recibo preguntas de personas que están pensando en suicidarse y quieren saber si irán a un buen lugar si logran hacerlo, yo les digo la verdad. Nunca estoy segura y debido a esa incertidumbre, ¿para qué arriesgarse? Lo mejor es buscar ayuda y sanar.

Si tienes pensamientos suicidas, no eres el único, muchas personas los han tenido en algún momento de su vida. Sentirse suicida no es un defecto de carácter y no significa que estés loco o que seas débil. Solo significa que tienes más dolor del que puedes enfrentar en ese momento. El dolor podría parecer permanente, pero con el tiempo y con el apoyo adecuado, el sufrimiento y los pensamientos suicidas pueden sanarse.

Si no sabes a quién acudir, busca ayuda profesional.

Capítulo doce
El toque de un espíritu

Sentir que alguien acaricia tu cabello, sentir un hormigueo en tu columna vertebral, un tacto suave en tus brazos o una presión leve en tu pierna, podría indicar que un ser querido que está en el más allá está cerca de ti.

Nelly

—Mamá, ¡en realidad necesitas muebles nuevos! Dale recibió un cheque adicional la semana pasada; hay que comprar un diván nuevo y tal vez también un sillón —dijo Sarah, mientras estaba sentada en la sala de su mamá.

Nelly miró alrededor del hogar que ella tanto amaba, aunque sus muebles ya estaban desgastados. Había educado a tres hijos y a una hija en un rancho donde había tres recámaras y un baño, y había pasado ahí cincuenta años muy felices con su padre, el amor de su vida. Pero cinco años antes, cuando Ray murió, a ella ya no le importaba cómo se veían las cosas y tampoco le importaba su aspecto personal y lo que menos le importaba eran los muebles.

El diván tapizado con tela a cuadros, aunque era anticuado, era el diván donde ella solía servirle a Ray su café de la noche. Cuando él se enfermó, solía sentarse ahí y ella lo cubría con su cobija favorita, le daba sus pastillas y hablaban de cuando eran jóvenes; se reían y disfrutaban de la plática. Ese diván color café fue donde Ray dio su último suspiro. Sarah no lo sabía, pero todas las noches Nelly se acurrucaba en ese sofá feo y burdo, y aparentaba que todavía podía escuchar la respiración de Ray, oler su jabón, y a veces, bueno, a veces pensaba que sentía que él tocaba su brazo.

—No necesito nada nuevo, querida. No necesito que venga nadie, solo ustedes y los niños, y estoy cómoda.

Sarah suspiró. Ella había visto que su mamá se había venido abajo después de la muerte de su papá, y aunque la casa de Nelly no estaba sucia, estaba en desorden, lo que era inusual para la personalidad de su mamá. Sarah sabía que eso se debía a la depresión, al dolor y a la tristeza, y quería ayudar. Siguió a su mamá a la cocina para preparar algo de té caliente.

—¡Y mira este refrigerador, mamá! ¡Esta tarjeta de Navidad es de hace tres años! —Sarah tomó una foto que decía: "Feliz Navidad 2000" y la tiró a la basura.

—¿En serio? —dijo Nelly, distraída, mientras ponía dos bolsitas de té de canela en las tazas.

—Dejar las cosas así no hará que papá regrese, y tú lo sabes. Lo que está haciendo es ocupar lugar y no permitir que ocurran cosas nuevas. Tú misma solías decir que necesitamos tener lugar en nuestro corazón para que Dios lo llene con algo bueno. ¿Crees que tú mereces algo malo?

Nelly reprimió las lágrimas y de inmediato cambió el tema de conversación para hablar del trabajo de Sarah. Sarah conocía a su mamá muy bien y sabía cuándo había llegado el momento de dejar a un lado un tema que era doloroso para ella.

Cuando anocheció, Nelly se acurrucó en el sofá envuelta en la cobija de Ray.

—No sé si merezco que algo bueno llene mi corazón —dijo llorando—. ¿Cómo podría merecer algo mejor que lo que ya tuve?

Por supuesto, no todo había sido maravilloso, pero Nelly siempre se esforzó para hacer que todo fuera positivo; eso era lo que Ray tanto admiraba en ella. Cuando sepultó a su esposo, sepultó también su buena disposición para ver todo bajo una luz positiva. Llenó el espacio de su corazón con tristeza y dolor. Mientras reflexionaba en todo esto, sintió que Ray le tocaba el brazo con suavidad y lo escuchó decir: "haz espacio, Nell, haz espacio".

Esa noche se quedó dormida en el sofá llorando, deseando y esperando que los últimos cinco años solo hubieran sido una terrible pesadilla.

A la mañana siguiente despertó rígida, pero se sentía un poco más ligera, un poco más libre. Mientras preparaba el té de la mañana, miró su refrigerador atestado de cosas, y poco a poco empezó a organizar los menús, las fotos y las facturas viejas, separando aquello que iba a archivar y aquello que iba a tirar. Tomó un trapo de cocina y limpió la puerta del refrigerador; se horrorizó al ver la cantidad de polvo y mugre que le salió. Miró con nuevos ojos a su alrededor, a su espacio; su espacio estaba lleno; no había lugar, todo estaba ocupado. Dedicó el resto del día a tirar periódicos viejos, comida vieja, sobres de correo inútiles y todo tipo de cosas similares. Cuando finalmente se sentó en el sillón, llamó a Sarah.

—Escuché lo que dijiste ayer, Sarah, y lo entiendo. Quisiera volver a escuchar tu oferta.

Antes de que su mamá pudiera cambiar de opinión, Sarah corrió a la casa de Nelly y la llevó a la mueblería, donde escogieron un sofá bonito (y cómodo) de color oscuro y un sillón reclinable.

Cuando los colocaron en la sala, haciendo a un lado los muebles viejos, Sarah miró a su mamá: "¿Estás bien?".

Nelly asintió y con lágrimas en los ojos tomó unas tijeras y con cuidado empezó a cortar la tela del sofá viejo.

Sarah la miró desconcertada.

—Voy a lavar esta tela y voy a hacer cojines. No todo lo viejo tiene que descartarse... hay lugar para lo nuevo y para lo viejo.

Sarah sonrió, tomó otras tijeras y empezó a ayudarle a su mamá.

—¿Alguna vez has sentido que papá está cerca? —le preguntó Sarah vacilante a su mamá. Habían sido educadas en una religión que enseñaba que cuando uno muere, va al cielo hasta volver a encontrarse con los suyos.

Nelly dejó de recortar y puso las tijeras en una mesita para café que Ray había hecho hacía años, cuando ellos no tenían dinero y él tenía ambiciones.

—Sí, Sarah. Siento que papá está cerca, en especial cuando me voy a dormir. He sentido que me toca y sé que se trata de él.

Sarah también había sentido a su papá, pero siempre había sentido miedo de hablar de eso.

Un beso

Me pidieron que hiciera una presentación en una preparatoria local sobre los psíquicos y lo paranormal. Los jóvenes son muy inquisitivos e inteligentes y siento una gran satisfacción al compartir mis relatos con ellos.

Cuando estaba hablando, pude ver a un hombre en espíritu sentado cerca de una chica que pensé que podría ser su hija o su nieta. Vestía un elegante traje de *tweed* y un sombrero que hacía juego. Su rostro estaba cubierto por bigotes color sal y pimienta, y de vez en cuando se inclinaba hacia la chica y le decía algo al oído cariñosamente. En respuesta, ella movía la mano en el aire y se tocaba la cara como para dejar de sentir ese hormigueo. Fue muy difícil para mí no decir nada, pero yo no estaba ahí para hacer lecturas, y no pensé que fuera apropiado hacerlo sin el permiso de los padres de estos jóvenes. Después de la hora de mi presentación, varios de los chicos se me acercaron y me hicieron algunas preguntas, y algunos me dieron las gracias y me abrazaron. Cuando recogí mi bolsa de mano, noté que esta misma chica estaba caminando por el vestíbulo, fuera del salón de clases. Le sonreí y yo también empecé a caminar por el vestíbulo hacia la puerta.

—Sra. Robinett, ¿puedo hablar con usted? —me dijo; yo sonreí y acepté—. ¿Puedo hacerle una pregunta?

Asentí mostrando que estaba de acuerdo, pues ya sabía lo que me iba a preguntar.

—Mi papá fue asesinado cuando yo solo tenía tres años de edad. ¿Alguna vez ha estado cerca de mí? —se le llenaron los ojos de lágrimas, y a mí también.

Me detuve en la salida y miré sus hermosos ojos color café; miré también a su papá, que se inclinó para besarla como había visto que lo hacía en el salón de clases. Y una vez más, ella se tocó la cara porque había sentido un hormigueo.

—Justo ahí, en eso que sentiste en la cara, Kayla, está tu papá dándote un beso. Él siempre está contigo.

Los ojos de la chica se abrieron al máximo mostrando miedo y sorpresa.

—¿Dónde está? ¿Me puedes poner frente a él?

Entonces la coloqué frente a su papá; ella se paró de puntas, abrazó al espíritu de su padre y le dio un beso.

—¿Pude abrazarlo?

—Sí, claro que sí.

Sin decir nada más, Kayla se dio la vuelta y entró a su siguiente clase.

Conclusión

Yo creo

Yo creo que todos tenemos el don de la visión y la capacidad de tener comunicación con nuestros seres queridos que están en el más allá. Yo no soy especial. No tengo súper poderes. El sexto sentido es algo real. No significa que vas a poner un atractivo letrero que diga "Psíquico" en la puerta de tu oficina. La intuición, el percibir, el saber y las corazonadas, como lo quieras llamar, están dentro de cada uno de nosotros. Tal vez no veas físicamente a tus seres queridos, pero están ahí y se esfuerzan por mostrarse en diferentes formas.

Ninguno de nosotros tiene enfrente un mapa de caminos completo en este mundo o en el otro, pero tenemos un GPS interno que nos ayuda y nos guía. Son esas indicaciones detalladas que todos tenemos, pero dudamos de ellas y creamos escenarios falsos en nuestra cabeza, en especial si hay mucho color gris a nuestro alrededor. Esto hace que sea más fácil señalar a otros y no asumir la carga de la responsabilidad. Y sin embargo, cuando nos quemamos, nos castigamos porque lo sabíamos. Cuando lo que conocemos no puede explicarse, nos esforzamos por racionalizarlo.

Entonces la gente consulta a los médiums, a los psíquicos y a los asesores de vida para validar sus conocimientos. La mayoría de las veces las personas que me consultan no me necesitan ni necesitan a ningún otro médium o psíquico. Sí, eso fue lo que dije. No nos necesitan. Solo necesitan confiar en que su GPS interno está en sincronía y les está dando indicaciones correctas, porque si las escuchan de otra fuente, eso les ayuda a tener inspiración y reduce en cierta medida la responsabilidad en cuanto a las decisiones. Cada uno de nosotros tiene libre albedrío. Cada uno de nosotros tiene elección libre. De ti depende el aceptar lo que sabes o conoces, pero también elijes si vas a actuar en base a lo que sabes.

En una sesión con una persona que vino a consultarme, su ser querido en el más allá me mostró un árbol grande con ramas secas. "Deben podarse", me dijo su mamá para que yo se lo comunicara a la persona. "La base todavía está bien. Las raíces siguen ahí, pero no estarán ahí por mucho tiempo si no se cortan las ramas muertas".

Su mamá no estaba hablando de jardinería, sino de todas las cosas inservibles de la vida que conservamos sin razón alguna. Son esos resentimientos, esos correos electrónicos y mensajes de texto dañinos, los nombres y números de teléfono de amigos y parejas del pasado que ya no apreciamos y que no vamos a llamar en el futuro. Son también los recuerdos que nos lastiman y que han impedido que sigamos adelante; que volvamos a estar cerca de personas que amamos, o que han impedido que encontremos otro trabajo; experiencias tristes, desilusiones, experiencias de ego, y/o de celos. Sin importar cómo lo llames, eso es lo que constantemente mata aquello que te ayuda a florecer. Seguimos permitiendo que muchas ramas que ya se desprendieron del alma permanezcan ahí aunque estén huecas y nos roben nutrientes valiosos, cuando lo único que tenemos que hacer es cortar las ramas muertas. Siempre recordarás lo hermosas que eran esas ramas cuando estaban sanas, pero al cortarlas obtienes un fundamento más fuerte para hacerlas crecer y encontrar senderos más sanos. Entonces, y solo entonces, al paso del tiempo, podrán aparecer nuevos retoños. Pero si protegemos algo que no vale la pena proteger, estamos matando lentamente nuestra alma y nuestro espíritu a causa del miedo, ya que a veces tememos hacer cambios.

Prolongar la negatividad te consume, de dentro hacia fuera. Cada uno de nosotros merece una vida feliz y un más allá gozoso.

Cómo eliminar las ramas secas:

1. **Podar:** limpia tu buzón de correo electrónico, tus mensajes de texto, tu libreta de números electrónicos, etcétera.

2. **Plantar:** enfócate en los nuevos retoños que tienes ahora.

3. **Fertiliza:** libérate de lo que no quieres tener en tu vida escribiendo una lista de resentimientos. Luego di en voz alta: "Libero __________". Guarda la lista o

quémala, entregándosela al universo. Y luego reafirma lo que en realidad deseas.

4. **Cosecha**: tal vez lleve tiempo, pero aparecerán flores y luego frutos en tus ramas nuevas. Expresa tu agradecimiento; da gracias.

Cuando se cortan las ramas secas, se crean conexiones verdaderas. Nunca dejes de intentar ponerte en contacto con tus seres queridos en el más allá. Sus señales te pueden llegar de formas diferentes. Muchas son muy sutiles y es fácil no captarlas, o quizás pensamos que son ilusiones cuando en realidad son señales. Pídeles una y otra vez a tus seres queridos cierto tipo de señales, pero mantente atento para recibir cualquier tipo de señal. Ellos quieren compartir contigo lo maravilloso que es el más allá, no para jactarse ni para hacer que te sientas mal, sino para asegurarte que están bien.

Recuerda que nuestro amor por ellos nunca muere y tampoco muere el amor que ellos nos tienen, aún desde el más allá.

Apéndice

Grounding[1]

Muchos de nosotros no captamos las señales y los símbolos porque estamos siendo bombardeados por todo el ruido del mundo que nos rodea. Los síntomas de no estar fundamentados incluyen:[2]

- Ansiedad sin causa
- Dificultad para enfocarnos
- Mareo repentino
- Quedarse dormido al estar meditando
- No poder dormir
- Pesadez corporal
- Sentirse ausente
- Sentirse sentimental
- Tener un deseo incontrolable de comer azúcar
- Deseo de comer solo comida chatarra
- Náusea
- Confusión mental
- No ser capaz de concentrarse en tareas sencillas

---

1 *Grounding o Enraizamiento: conectarse con la Tierra.*

2 *Observación: Consulta a tu médico y usa el sentido común, ya que la causa de algunos de estos síntomas puede ser una condición médica.*

Sugerencias

1. Aléjate de la gente negativa.
2. Desconéctate de vez en cuando.
3. Acércate a la naturaleza; sal a caminar, a dar la vuelta en bicicleta, al jardín, etcétera.
4. Confía en tu intuición.
5. Lee un libro.
6. Escucha música.
7. Medita.
8. Crea algo, ¡lo que sea!
9. Arregla los cabos sueltos.
10. Pasa tiempo con personas positivas.

Cinco formas de conectarte

1. Métete al agua; siéntate en una tina de agua caliente o tibia.
2. Ponte en contacto con la naturaleza: abraza un árbol, quítate los zapatos y camina descalzo.
3. Medita, haz pilates o yoga.
4. Utiliza cristales: cuarzo ahumado, turmalina negra, hematita, por nombrar algunos.
5. Come alimentos crudos.

Por lo tanto, si estás conectado, o sientes como si algo te estuviera acosando, recuerda que no todos los que están errantes están perdidos... incluyendo a tus seres queridos que están en el más allá. Solo vienen a saludarte.

Realinear tu espíritu para conectarte con su espíritu

Nuestros seres queridos que están en espíritu están cerca de nosotros si nosotros decidimos invitarlos. Quieren ayudarnos tanto como les sea posible (que en realidad es más de lo que podrías pensar). Y si no tienes seres queridos en el más allá, todos tenemos espíritus guías que actúan como nuestros mejores amigos desde el más allá y nos ayudan a enfrentar los desafíos de la vida y a celebrar la vida. Desarrollar esa relación es de vital importancia. Así como cambian nuestras relaciones con nuestros compañeros de trabajo cuando nos vamos a otra empresa, o como cambian nuestras relaciones con nuestros familiares y amigos cuando nos vamos a vivir a otro lugar, sucede lo mismo con quienes están en el más allá. Tienes que ser proactivo al desarrollar la relación. Es cansado ser siempre el que trata de iniciar el contacto y hacer realidad esa relación (¡que es lo que hacen nuestros pobres espíritus guías y guardianes!). Por lo tanto, debes dedicar algo de tiempo a hablarles, invitarlos y amarlos. Y aunque nuestros seres queridos tienen trabajo en el más allá, siempre están muy cerca cuando los necesitamos.

A veces no existe una conexión porque tú no estás en alineación con tu propio espíritu. Algunos dicen que es mala suerte, pero en realidad lo que puede causar que la vida esté de cabeza o que sientas que lo está, es la energía negativa. La depresión, el miedo, el enojo, las discusiones, los vampiros psíquicos (gente negativa), la tristeza, la infelicidad, etc., se adhieren al campo del aura como una envoltura de polietileno y atraen esas mismas situaciones junto con el agotamiento, la fatiga, la desdicha, una sensación de inquietud y en ocasiones incluso problemas de salud. Tu filtro de energía debe reemplazarse o limpiarse, de la misma manera en que se cambia o se limpia el filtro de un horno. La frecuencia con que necesites llevar a cabo una limpieza de energía depende de tu situación personal y profesional.

Existen muchas maneras de realizar una limpieza en tu persona, en tu oficina, en tu casa y hasta en tu automóvil. En cualquier lugar donde pases tiempo, existe energía residual, buena o mala, que puede adherirse a ti.

Formas de realizar una limpieza personal

Eliminar

Moviendo las manos en forma diagonal sobre tu cuerpo, desde las yemas de los dedos, a lo largo de los brazos, las piernas, y el torso, elimina y "descarta" toda la energía negativa tirándola al suelo para librarte de ella. Puedes visualizar un desagüe cerca de tus pies por donde se vaya toda esta negatividad.

Cristales

Se dice que los cristales tienen propiedades curativas. Pueden elevar tus vibraciones y eliminar estrés y tensión de tu espíritu.

Protección de luz blanca

Visualiza una esfera con la forma de un huevo hecha de una luz blanca brillante que te rodea de pies a cabeza. Visualiza cómo la luz se vuelve cada vez más radiante hasta que crea una barrera de protección a tu alrededor. Dependiendo de tus creencias religiosas, puedes simplemente decir una oración o pedirles a tus guías y a tus ángeles que te sigan rodeando con la luz blanca de protección y que esa luz te aleje de todo daño y de influencias negativas. También puedes hacer esto con otras personas e incluso con tus mascotas.

Date un baño

La sal de mar se usa para neutralizar el entorno y a uno mismo. Si es posible, consigue sal de mar sin refinar y sales de Epsom (también puedes mezclarlas con las hierbas que prefieras). Métete a la tina de agua tibia y relájate. Cuando termines, quita el tapón de la tina pero no te salgas; piensa en todas las cosas que te preocupan y visualiza que salen de tu cuerpo y se van por el desagüe con el agua, hasta que salga la última gota.

Formas de realizar una limpieza en el hogar

Reiki

Traza símbolos de Reiki con las manos/los dedos para limpiar espacios. Es importante trazar los símbolos en las paredes, en los techos, en las ventanas, en las puertas y en los pisos. Sigue tu intuición y ella te guiará hacia lo que tenga que limpiarse.

Hierbas

Muchas hierbas, como la albahaca, la lavanda, la menta, el romero, la salvia y la canela tienen cualidades protectoras contra la negatividad. Puedes acomodarlas en un platón bonito para que absorban la negatividad. Puedes usar inciensos de estas hierbas y quemarlos. También puedes incluir estas hierbas en tus baños.

Limpieza con humo

Limpiar con humo de salvia (yo prefiero la salvia blanca) es una forma sencilla y poderosa de eliminar la energía negativa de un área. Coloca unas cuantas hojas en un recipiente que no se dañe con el fuego, y enciende las hojas o el racimo de salvia. La flama debe extinguirse pronto y la salvia empezará a arder lentamente. Esparce el humo con la mano o con una pluma. Di una bendición de protección o eleva una oración mientras caminas por la casa. Esparce el humo a tu alrededor imaginando que pasa a través de ti. Fluye a través de ti, sacando todas las imperfecciones que se han acumulado en tu interior.

Te recomiendo que vayas a la parte de atrás de la casa y avances hacia el frente, y abras una ventana por la que puedas sacar toda la energía negativa. No olvides limpiar con el humo los clósets, el sótano, los rincones y las fisuras, etcétera.

También puede ser muy útil limpiarte con humo todos los días para mantenerte en equilibrio; además, puede ayudarte si estás cerca de personas que muestran un desequilibrio emocional.

El incienso, el sándalo, la mirra y el Palo Santo también ayudan a eliminar la negatividad.

Agua bendita

En ciertas prácticas religiosas se cree que hacer la señal de la cruz con agua bendita en la casa y caminando alrededor de ella ayuda a invocar a la Divinidad para disipar la energía negativa.

Sal marina

Coloca un recipiente de agua con sal marina en un rincón o debajo de la cama para atrapar las energías negativas. El tirar el agua en la Madre Tierra ayuda a transmutar lo negativo volviéndolo positivo.

Velas

Las velas blancas son muy eficaces para eliminar la energía negativa, y si las velas tienen aromas, como el de lavanda, vainilla y canela, son mejores.

Música

En vista de que todos nosotros tenemos una vibración, es lógico que la música pueda ayudar a realinear el alma.

Tocar tú mismo un instrumento, o simplemente escuchar tu música favorita y dedicar tiempo a pensar en todo lo que deseas, en lugar de pensar en lo que no deseas, puede ayudarte a armonizar tu espacio y tu espíritu.

Formas de realizar una limpieza en la oficina

En la mayoría de las oficinas no es aceptable encender una flama abiertamente, pero la visualización es la mejor opción cuando trabajas en un lugar donde hay muchas personas.

Visualiza un vórtice girando y pide que ese vórtice recoja todas las energías negativas y/u oscuras.

Luego visualiza al vórtice recorriendo todo el edificio de la oficina hasta salir por el techo. Pide a los ángeles y a los espíritus guías que disipen las energías negativas. No olvides darles las gracias.

Sin importar cómo decidas realizar una limpieza en tu persona, en tu casa o en tu oficina, debes saber que lo positivo atrae a lo positivo, y que cuando estás cerca de cualquier situación o persona negativa, eso empezará a afectarte. Aunque no puedas ver la energía, otras personas pueden sentirla. Dedicar solo un poco de tiempo a cuidar de ti mismo y a limpiar tu alma podría cambiar tu vida y abrir los canales de comunicación con tus seres queridos.

Preguntas comunes

Pregunta: Escuché que cuando las personas cruzan al más allá, todas parecen tener unos treinta años de edad.

Respuesta: Cuando cruzamos al más allá no tenemos edad. Nuestra alma y nuestro espíritu no están sujetos al tiempo. A menudo emitimos la edad en la que fuimos más felices en el plano terrenal.

Pregunta: ¿Qué pasa cuando muere un bebé? ¿Quién lo cuida en el más allá?

Respuesta: Un guía, un ángel y/o un ser querido reciben a un bebé o a un niño o niña de la misma forma en que reciben a un adulto, aunque no se hayan conocido en su existencia terrenal. Cuidan de ellos hasta que vuelven a reunirse con sus padres, y también se les ofrece la opción de reencarnar.

Pregunta: ¿Tenemos "cuerpos" como los tenemos aquí? ¿Tenemos brazos y piernas o solo somos masas amorfas de energía que flotan de un lugar a otro?

Respuesta: No, no tenemos cuerpos. Solo estamos formados de energía.

Pregunta: ¿Todos los perros están en el cielo?

Respuesta: ¡Los animales sí van al cielo! Aunque no todos. ¿Alguna vez has visto a un perro o a un gato (o a un caballo, una serpiente, etc.) y supiste que había algo especial en ellos, y luego viste a un perro o a un gato y sentiste que solo eran un perro o un gato?

Pregunta: En un sueño, viví la experiencia de ver el momento en que mi papá cruzó al más allá; fue varios años después de su muerte. Pero vi el momento en que mi mamá cruzó al más allá solo unos días después de su muerte. ¿Cuál es la razón de esta diferencia?

Respuesta: Tal vez tu papá se sentía mal por haber muerto, o tenía miedo de cruzar al más allá.

Pregunta: ¿Quién llega al "más allá" o al cielo, y quién va al "limbo" o al "infierno"? ¿Cómo se decide eso? ¿Los asesinos y los que abusaron sexualmente de niños o niñas están allá disfrutando de sus seres queridos?

Respuesta: El cielo (y el infierno) se crean de manera muy similar a como se construye un edificio de apartamentos, con muchas áreas y pisos. Uno solo tiene la llave de un elevador que llega a su propio piso, y no a otros.

Pregunta: Cuando estamos a punto de morir, ¿nuestros seres queridos que están en el cielo se dan cuenta de eso y nos esperan para recibirnos? ¿Nos escuchan? ¿Ya saben que vamos a morir? ¿Nos ayudan?

Respuesta: Es casi como si nuestros seres queridos recibieran un mensaje unos cuantos días antes de nuestra muerte, aunque sea debido a un accidente o a algo inesperado, de modo que estarán listos para reunirse con nosotros.

Pregunta: ¿Lleva uno puesta la ropa que le pusieron cuando lo enterraron?

Respuesta: En realidad no usamos ropa... no somos seres físicos. En mi caso, yo los veo con la ropa con la que están más cómodos o con la que se les puede reconocer mejor.

Pregunta: ¿Cuánto tardan nuestros seres queridos en poder hablar y empezar a comunicarse con nosotros que estamos en esta vida?

Respuesta: Normalmente tardan de seis meses a un año para poder hablar, pero eso depende de que estuvieran preparados para morir y cruzar al más allá.

Pregunta: ¿Es la transición de esta vida al cielo una experiencia aterradora?

Respuesta: De ninguna manera.

Pregunta: ¿Qué pasa si te creman?

Respuesta: Es lo mismo que si te enterraran. Estamos hechos de energía y la forma en que se disponga de nuestro cuerpo no causa un impacto en el alma ni en el espíritu.

Pregunta: ¿Reencarnamos o solo nos quedamos en el cielo?

Respuesta: Reencarnamos solo si queremos hacerlo.

Pregunta: En la Biblia leemos que en el cielo hay muchas moradas. ¿Las describe la gente?

Respuesta: En el más allá cada persona tiene una experiencia distinta en cuanto a lo que ve. Su cielo es lo que ella quiere que sea. Si alguien practica fielmente una religión, tendrá visiones bíblicas de lo que le enseñaron.

Pregunta: ¿Podemos seguir disfrutando las cosas que nos gustan y los lugares que nos encanta visitar en esta vida? ¿Podemos seguir haciendo esas cosas? ¿O ya no deseamos hacer esas actividades terrenales?

Respuesta: Definitivamente podemos gozar la vida y los lugares que amábamos en este plano terrenal. A menudo los disfrutamos a través de nuestros seres queridos que están en la Tierra. Por lo tanto, si vas de vacaciones a Hawái y a tu papá siempre le gustó Hawái, es casi seguro que él está disfrutando esas vacaciones contigo.

Pregunta: ¿Pueden ayudarnos nuestros seres queridos que están en el más allá?

Respuesta: Claro que sí. Pueden mover montañas por nosotros, pero tenemos que pedirles que lo hagan. No lo saben todo y en el más allá también hay reglas y reglamentos. Entonces, invita a tus seres queridos, pídeles su ayuda, y espera su respuesta. Tal vez no llegue en el momento que tú deseas, pero llegará.

Pregunta: ¿Podremos estar con nuestros seres queridos en el cielo?

Respuesta: Sí, casi siempre. Depende de la revisión del alma y de las decisiones que tomes en el campo de entrenamiento básico de los ángeles.

Pregunta: ¿Nuestros seres queridos están al corriente de lo que nos sucede en la vida a medida que pasa el tiempo aquí? ¿Por ejemplo, saben si nos casamos, si tenemos un hijo o si sucede algo malo en nuestra vida?

Respuesta: Sí, ellos saben lo que está pasando en nuestra vida.

"Siempre estoy contigo"

Cuando me haya ido, déjame ir.
Tengo muchas cosas que ver y hacer,
no debes atarte a mí con demasiadas lágrimas,
pero agradece que hayamos tenido tantos años buenos.

Te di mi amor, y tú puedes adivinar
cuánta felicidad me diste.
Te agradezco el amor que has mostrado,
pero ha llegado el momento de viajar solo.

Entonces, llora por mí poco tiempo, si deseas hacerlo.
Y permite que la confianza sea un consuelo para tu dolor,
pues solo estaremos separados por un tiempo.
Por tanto, atesora los recuerdos que hay en tu corazón.

Yo no estaré lejos, pues la vida sigue su curso,
y si me necesitas, llámame y vendré.

Aunque no puedas verme ni tocarme, estaré cerca.
Y si me escuchas con el corazón, escucharás
todo mi amor a tu alrededor suave y claro.

Y luego, cuando vengas acá solo,
yo te recibiré con una sonrisa
y te diré: "bienvenido a casa".

Para crear conexiones con el más allá

1. Encuentra un lugar donde puedas estar solo y tener tranquilidad de diez a quince minutos. Algunos de mis lugares favoritos para escapar son mi coche, un cementerio, la tina de baño, etc. Con frecuencia ayuda crear una especie de ritual: la misma hora, el mismo lugar, etcétera.
2. Tal vez quieras llevar contigo recuerdos o fotos del ser querido con el que deseas hablar.
3. Tal vez desees encender una vela blanca y/o escuchar música tranquila.
4. Recurre a Dios, a tu yo superior y/o a tus espíritus guías.
5. Usa una forma de protección espiritual.[3]
6. Repite la afirmación: "Nada puede entrar a mi espacio sin mi permiso".

---

3 *La protección psíquica o espiritual actúa como una forma de energía que nos envuelve para bloquear energías malignas o de nivel inferior. Solo porque desees hablar con tu abuela, y solo con tu abuela, que está en el mundo de los espíritus, eso no significa que otro espíritu entrometido no quiera o no pueda involucrarse en la conversación. No se trata de que una*

7. Y simplemente respira profundamente, inhala y exhala desconectándote del mundo y sintonizándote con tu interior.
8. Invita a tu ser amado. Llámalo mentalmente o en voz alta, lo que sea más cómodo para ti.
9. Tal vez desees tener un cuaderno cerca para anotar o escribir los pensamientos o la información que llegue a tu mente. O simplemente escucha, siente e involucra a todos los sentidos.
10. Tú conoces la personalidad y las ideas de tus seres queridos, y nuestras personalidades no cambian cuando cruzamos al más allá. Deberías ser capaz de percibir o sentir si el ser que se está manifestando es tu ser querido. Si te sientes incómodo o inseguro, no sigas con la comunicación, párala, y vuelve a empezar con la protección espiritual.

Al principio, no le dediques a la conexión más de quince minutos, ya que puede ser emocional y psíquicamente desgastante, tanto para ti como para tu ser querido.

Técnicas de protección

Técnica de la burbuja blanca

La técnica más básica de protección es simplemente imaginar que estás dentro de una bola o burbuja de luz

---

entidad pueda lastimarte, sin embargo, es una manera de marcar el número telefónico evitando tener una línea compartida por varias personas, lo que puede causar confusión y frustración en los mensajes de la persona que estás tratando de contactar.

blanca. Visualiza que esta burbuja desciende desde el techo y llega a la parte superior de tu cabeza y te envuelve en su luz blanca hasta los pies, al menos 15 centímetros por debajo de tus pies. No tiene que ser una esfera perfecta; solo haz que abarque todo tu cuerpo tomando la forma que te parezca más cómoda. Puedes incluir a otras personas en tu burbuja, o puedes conectar tu burbuja con otras personas. Visualiza que la luz se vuelve más y más brillante hasta que crea una barrera de protección a tu alrededor. Dependiendo de tus creencias religiosas, puedes simplemente elevar una oración o pedirles a tus guías o a tus ángeles que te sigan rodeando con la luz blanca de protección, y que esta te resguarde de daños y de influencias negativas. Si quieres puedes hacer esto con otras personas y también con las mascotas.

Técnica de la momia

De la misma forma en que a muchas personas les gustan las cobijas ligeras y a otras las cobijas pesadas, la protección de la momia se parece mucho a la de la burbuja blanca, pero en lugar de estar dentro de una burbuja, tomas la energía de la burbuja y te envuelves en ella. Visualiza un listón de luz blanca y envuélvete con fuerza con él de pies a cabeza. Dependiendo de tus creencias religiosas, puedes simplemente elevar una oración o pedirles a tus guías o a tus ángeles que te sigan rodeando con la luz blanca de protección, y que esta te resguarde de daños y de influencias negativas.

Técnica de la lluvia

Visualiza una lluvia ligera que cae desde el cielo sobre ti. Cuando la lluvia espiritual toque tu cabeza, gotea suavemente alrededor de tu cuerpo, cubriéndote de protección. Dependiendo de tus creencias religiosas, puedes simplemente elevar una oración o pedirles a tus guías o a tus ángeles que te sigan rodeando con la luz blanca de protección, y que esta te proteja de daños y de influencias negativas.

Vivir con un propósito: siete cosas de las que se arrepienten los muertos y los moribundos

1. Ojalá hubiera yo hecho más cosas que me hicieran feliz.

   Y raras veces se refieren a cosas relacionadas con el dinero. ¿Alguna vez has oído hablar de la lista de cosas por hacer antes de morir? Es una lista de metas que deseas alcanzar, pero es diferente a una lista de cosas que tienes que hacer. Las listas de cosas por hacer antes de morir son personales y únicas para cada quien. Una persona que me consultó estaba luchando contra el cáncer y sabía que viviría poco tiempo. En nuestra sesión, ella compartió conmigo su lista de cosas por hacer antes de morir y hasta la fecha sigo pensando en ella.

   - Comprar un almuerzo extraño.
   - Poner notas al azar en libros de las bibliotecas.
   - Ver una puesta de sol y un amanecer el mismo día.
   - Nadar con delfines.

- Abrazar a un koala.
- Hospedarme en un Hotel B&B en el Lago Michigan.
- Aprender a tocar un instrumento.
- Visitar a un médium.
- Viajar en un globo aerostático.
- Viajar en tren en la Península Superior de Michigan en otoño.

Las cosas de su lista no eran trascendentales, pero eran suyas. Me mandó fotos de los lugares a los que viajó, de acuerdo a su lista de cosas por hacer antes de morir, y me gustó mucho compartir esto con ella.

2. Ojalá hubiera yo viajado/explorado más.

Muchas veces, el miedo nos impide viajar y explorar, incluso más que la falta de dinero. Se dice: "¿Y si los deseos fueran peces?", bueno, también se dice que hay que vivir con un propósito. No permitas que las cosas sucedan al azar; créalas y llévalas a cabo.

3. Ojalá me hubiera mantenido en contacto con mis amistades.

Mi mamá a menudo hablaba de sus amistades y de los miembros de su familia, y me decía cuánto los extrañaba. Yo le decía que los llamara, pero ella me decía: "Las líneas telefónicas funcionan en dos direcciones". Se volvió amargada y sentía que la gente se había olvidado de ella. Pero al final me dijo lo mucho que le habría gustado hablarles por teléfono o escribirles una nota (o pedirme que yo les escribiera una nota, pues ella se había quedado ciega).

No es demasiado tarde para mandar ese mensaje de texto o esa tarjeta, o para escribir esa nota, o hacer esa llamada. Aunque no hayas hablado con un amigo o amiga en muchísimo tiempo, a pesar de las circunstancias, si sigues pensando en ellos, tal vez ha llegado el momento de volver a ponerte en contacto con ellos.

4. Ojalá no hubiera dedicado tanto tiempo a trabajar.

   Una de mis frases favoritas es de W. James "Jim" Treliving, un hombre de negocios canadiense que es dueño de Boston Pizza y es autor de *Decisions: Making the Right Ones, Righting the Wrong Ones* (Decisiones: tomar las decisiones correctas, corregir las erróneas). Él dice que uno nunca ve a un camión Brinks blindado siguiendo a una carroza fúnebre. Sí, hay que pagar deudas, pero date cuenta de la importancia de esas deudas. ¿Tienes que trabajar demasiado para comprar los zapatos que más te acomodan o para comprar una bolsa marca Louis Vuitton? ¿Qué es calidad para ti?

5. Debería haberme cuidado más.

   He escuchado a muchas personas que están en el más allá decir que quisieran haber ido a ver al médico a la primera señal de que había un problema, o que deberían haberse alimentado mejor o haber hecho ejercicio... sí, hasta dicen que hubieran querido hacer ejercicio. No es que no estén bien ahora, pero les duele haberse alejado de su familia.

6. Debería haberles dicho a las personas que amo cuánto las amo en realidad.

   Debí hacerlo, podría haberlo hecho... Es probable que la palabra "amor" sea la más difícil de decir para algunas personas. La siguiente es: "Estoy muy orgulloso de ti", pero estos sentimientos pueden cambiar la vida de una persona, y la vida de la persona que dice estas palabras.

7. Ojalá no hubiera yo dedicado tanto tiempo a preocuparme.

   La preocupación mata la felicidad. Roba el tiempo. Aleja a las personas y causa problemas de salud. Además, la preocupación no afecta el resultado de aquello por lo cual te estás preocupando.

   ¿No es cierto que tú (y yo) tenemos la responsabilidad de vivir la vida más feliz, más plena y más auténtica que nos sea posible? Aunque queramos culpar de nuestra infelicidad al trabajo, a otras personas, a la falta de dinero o a cualquier otra cosa, todo se resume en crear nuestra vida. Tú tienes el pincel y tienes frente a ti un lienzo en blanco. Todo depende de cuándo empieces a darle color a tu vida o de que te decidas a hacerlo.

Meditación para visitas antes de dormir

(Tal vez te ayude tomar este texto y grabarlo en tu teléfono para poder escucharlo).

Es importante conectarte para liberar todo el estrés y eliminar las barreras entre esta vida y el más allá.

Comienza respirando lenta y profundamente, inhalando y exhalando en lapsos de tiempo aproximadamente iguales. Encoge o mueve los hombros; mueve con cuidado la cabeza alrededor del cuello, y trata de tensar y relajar todos los músculos importantes del cuerpo, empezando con los pies y llegando hasta la cara.

Imagina que salen raíces de tus piernas y de la planta de tus pies y que se extienden hasta llegar a un suelo fresco y húmedo. Con cada exhalación, tus raíces crecen y llegan a niveles más profundos en el suelo. Siente cómo todo el estrés y la tensión fluyen saliendo por tus raíces con cada exhalación. Sigue concentrándote en extender tus raíces hacia la Madre Tierra. A medida que liberas el estrés, la Madre Tierra te energiza a través de cada célula de tu cuerpo, desde los pies hasta la cabeza y a través de la coronilla.

Extiende los brazos hacia el techo, hacia el firmamento, hacia el sol; con cada exhalación, tus ramas se extienden más hacia el firmamento y tú sigues liberándote de la tensión y el estrés.

Ahora visualiza una puerta frente a ti. Cuando abres la puerta, ves que estás en un sendero. Este sendero puede tomar la forma que tú desees. Percibe el sonido de la naturaleza que hay en él; las aves y las abejas, y cualesquier animales que pudieran estar por ahí. Visualízate caminando por ese sendero lleno de paz. Podrías sentir el viento en tus mejillas o el calor del sol que brilla sobre ti. Al ir caminando, llegas a un puente, y al otro lado del puente están tus seres queridos que han cruzado al más allá. Invítalos a reunirse contigo en medio del puente y luego camina lentamente hacia ellos; permite que las personas que vienen a tu encuentro te saluden. Tal vez solo las percibas, sin verlas, pero a medida que hagas esta meditación una y otra vez, tu percepción será más clara.

No te cuestiones ni pienses que solo estás deseando que cierta persona esté ahí, solo permite que suceda. Quédate unos minutos en el puente; ofrece tu amor y los mensajes que desees compartir. Escucha por un momento para ver si hay una respuesta, y luego da la vuelta y regresa por el sendero y por la puerta. Recuerda que entre más veces hagas esta meditación será más fácil, al igual que la comunicación. No permitas que la frustración obstaculice lo que veas o sientas.

Respira profundamente y abre los ojos, o simplemente quédate dormida.

Sanación para las festividades: cinco formas de celebrar las fiestas cuando extrañas a alguien

Las festividades pueden hacer que el dolor de extrañar a tus seres queridos sea más profundo. En lugar de sentirse alegres, las personas fingen una sonrisa y se sienten desanimadas o tristes. Quienes nunca han sentido esta clase de dolor, no lo entienden, pero para los que sí lo han sentido, puede ser desgastante.

Ya sea que la pérdida haya sido hace diez años o hace solo dos semanas, duele, y el vacío de esa presencia durante las festividades puede ser indeciblemente angustiante. Los amigos y familiares podrían pensar que están ayudando con sugerencias como: "Vamos a salir, ¡te vas a sentir mejor!" y "Fue hace mucho tiempo, ¿no puedes seguir adelante con la vida?" y "¡Bueno, ellos están en un lugar mejor!", pero eso simplemente no sana la situación. Y nadie puede hacer que ellos regresen ni mejorar las cosas, solo tú puedes hacerlo. Nosotros elegimos nuestras actitudes. Elegimos nuestro estado de ánimo. Elegimos dar pasos para seguir adelante, aunque sean pasos muy pequeños.

Todavía recuerdo a mi mamá que lloraba en todas las festividades, en especial en Navidad. Había perdido a sus dos hermanos, a su mamá y luego a su papá. Se sentía huérfana. Y aunque ella tenía a mi papá, a mi hermano, a mi hermana y a mí, nunca pudimos borrar su tristeza, y ella no tenía la energía para sanarla. Cuando su familia vivía, las noches de Navidad estaban llenas de risa, de contacto familiar, de buena comida y de felicidad... pero sus pérdidas habían convertido lo que había sido un día tan maravilloso y alegre en un día de sentimientos artificiales y forzados. Mi mamá lloraba y su corazón nunca sanó emocionalmente. Después de tantos años, todavía siento el dolor de mi mamá en Navidad. Cuando yo era niña, quería con toda el alma sentir la magia de la Navidad, pero sabía que las pérdidas y la profunda tristeza habían apagado esa magia. Traté de animar a toda la familia pero me cansé. Y luego yo experimenté mis propias pérdidas, mi chispa se apagó y tuve que invertir tiempo para restaurarla y poder estar ahí para todos los demás.

A pesar de mi habilidad para comunicarme con mis seres queridos, sé de primera mano que no es lo mismo que darles un abrazo en el mundo físico.

Establece un impulso positivo

Cuando empieces a sentirte triste, busca algo que te haga feliz. Podría ser una película que siempre te haga reír; visitar un lugar donde te sientas feliz, etcétera.

Sé generoso

Cuando ayudamos a otros, vemos que nos responden con una sonrisa, eso hace que nosotros también nos sintamos bien. Hay muchas formas de hacer esto:

- Paga el pedido del coche que está detrás de ti.
- Pon cambio en un parquímetro vacío.
- Hornea galletas y regálaselas a un vecino, a la gente que trabaja en el consultorio de tu médico, a tus compañeros de trabajo, a la Iglesia, etcétera.
- Pon en orden tu clóset y regala la ropa que no necesites a una obra caritativa.
- Escribe la crítica de un libro y publícalo en Amazon (créeme; el autor estará muy agradecido).
- Trabaja como voluntario en un albergue de animales o en un asilo.
- Sonríele a un desconocido.

Crea una nueva tradición

La muerte deja un vacío en las tradiciones y esto produce tristeza. Con mucha frecuencia pensamos que el dolor que sentimos al conservar una tradición vale la pena, pero a fin de cuentas, nosotros somos los que sufrimos. Trata de crear una nueva tradición... ya sea que se relacione con la comida, con las decoraciones, o incluso con el lugar donde se celebran las fiestas. Dales vida nueva a las festividades.

No ignores el dolor

Esto podría parecer contraproducente tomando en cuenta lo que he dicho antes, pero al ignorar el dolor, solo estás permitiendo que un día aflore y cuando lo haga, la montaña va a ser mucho más grande.

Siéntate y escríbele a la persona que murió una carta, o simplemente habla con ella. Te va a escuchar, créeme.

Habla de la persona que extrañas. Encuentra los recuerdos felices... los que te hicieron reír.

Incluye a quienes se han ido

Un día que estaba triste, Chuck (mi esposo) y yo decidimos ir a dar una vuelta en coche. Nos detuvimos en una pequeña tienda navideña y en el escaparate había un faro como los que mi mamá coleccionaba. Supe que necesitaba comprarlo. Cuando la vendedora lo envolvió para mí, le dije que me recordaba la colección que tenía mi mamá y también le dije que ella ya había muerto y que la época navideña siempre era muy difícil para nosotros. Metí la mano a la bolsa para darle mi tarjeta de crédito, pero ella simplemente sacudió la cabeza, sonrió y me entregó la bolsa: "Es un regalo de tu mamá y mío", me dijo con lágrimas en los ojos. No solo me sentí cerca de mi mamá en ese momento, sino que se restauró mi fe en las personas.

El faro está frente a mí mientras escribo una nota para recordar que muchas cosas son más que objetos. Visita los lugares que te recuerdan a tus seres queridos; hasta podrías comprarles un regalo en Navidad, o poner en la mesa un lugar para ellos. Te extrañan tanto como tú los extrañas a ellos.

Es natural extrañarlos en las fiestas y es importante comunicar tus emociones en lugar de evitarlas. Hasta entonces podrás sanar.

"Yo siempre estoy aquí"

Anónimo

No te he dado la espalda,
así que no tienes por qué llorar.
Te estoy viendo desde el cielo,
que solo está más allá del cielo matutino.

He visto que casi te has derrumbado,
cuando casi no podías permanecer de pie.
Le pedí al Señor que te consuele,
y pude ver que Él te tomó de la mano.

Él me dijo que tu dolor es más grande
del que yo podría sentir.
Él enjugó sus lágrimas y tragó saliva.
Después puso tu mano en mi mano.

Aunque no puedas sentir mi tacto,
o ver que estoy a tu lado,
he dicho suavemente que te quiero
y enjugué cada una de tus lágrimas.

Por favor, trata de no sufrir por mí,
nos reuniremos algún día.
Más allá del cielo oscuro y tormentoso,
un arcoíris ilumina el camino.

Sobre la autora

Kristy Robinett es una médium psíquica que empezó a ver espíritus a los tres años de edad. Cuando tenía ocho años, el espíritu de su abuelo que había muerto le ayudó a escapar de un posible secuestrador, y fue entonces cuando Kristy se dio cuenta de que el más allá no estaba tan lejos.

Ya siendo adulta, el Departamento de Policía de su localidad empezó a recurrir a ella con frecuencia para que examinara casos difíciles bajo una nueva luz y desde un ángulo diferente. Llegó a ganarse la reputación de ser muy precisa al presentar perfiles psíquicos y al dar nuevas perspectivas a los crímenes no resueltos. Fue entonces cuando empezó a trabajar con diversas agencias para el cumplimiento de la ley, con abogados e investigadores privados en todo Estados Unidos, ayudando en casos de personas desaparecidas, casos de incendios provocados y casos no resueltos. En 2014, apareció en un programa especial de una hora en el canal de televisión Investigation Discovery Network (ID); el nombre del programa fue "Restless Souls" (Almas sin descanso), y se centró en un caso policiaco que ella había ayudado a resolver.

Kristy Robinett da clases de desarrollo psíquico e investigación paranormal en universidades locales; imparte conferencias en todo el país y es comentarista en distintos medios de comunicación masiva. Es autora de *It's a Wonderful Afterlife (La maravillosa vida después de la muerte); Forevermore: Guided in Spirit by Edgar Allan Poe (Por siempre: guiada en espíritu por Edgar Allan Poe); Messenger Between Worlds (Mensajera entre mundos); True Stories from a Psychic Medium (Historias verdaderas de una médium psíquica); Higher Intuitions Oracle; Ghosts of Southeast Michigan (Fantasmas del sureste de Michigan)* y *Michigan's Haunted Legends and Lore (Leyendas y tradiciones de fantasmas en Michigan).*

Kristy Robinett está casada, tiene cuatro hijos y varias mascotas. Disfruta la jardinería, la cocina y explorar pueblos campiranos. Su sueño es comprar y restaurar una casa de granja de más de cien años de antigüedad, los fantasmas y los espíritus son opcionales.

Puedes visitar a Kristy en línea en KristyRobinett.com, Facebook.com/kristyrobinett, o en Twiter.com/ kristyrobinett.

TÍTULOS DE ESTA COLECCIÓN

Cómo leer el rostro. *Richard Webster*

El camino de la sincronía. *Allan G. Hunter*

El misterio de la reencarnación. *J. Allan Danelek*

El sistema Palm Beach para el alivio del dolor. *Nuchovich*

El viaje de las almas. *Michael Newton*

Formulario completo de aceites mágicos. *C. R. Heldstab*

La maravillosa vida después de la muerte. *Kristy Robinett*

Lenguaje corporal. *Richard Webster*

Milagros ahora. *Gabrielle Bernstein*

Momentos milagrosos de la vida. *Ekissa Al-Chokhanchy*

Perdón. *Iyanla Vanzant*

Psicoanálisis. La gran alternativa. *Dr. Alejandro Gertz M.*

Puertas hacia vidas pasadas y vidas futuras. *Slate y Llewellyn*

Viviendo la ciencia de la mente. *Ernest Holmes*

Impreso en los talleres de
MUJICA IMPRESOR, S.A. de C.V.
Calle camelia No. 4, Col. El Manto,
Deleg. Iztapalapa, México, D.F.
Tel: 5686-3101.